Lebenslust für alle Fälle

ANDREA LÄNGER
Lebenslust für alle Fälle
STRATEGIEN FÜR KÖRPER, GEIST UND SEELE

PATMOS VERLAG

VERLAGSGRUPPE PATMOS

**PATMOS
ESCHBACH
GRÜNEWALD
THORBECKE
SCHWABEN**

Die Verlagsgruppe
mit Sinn für das Leben

Für die Schwabenverlag AG ist Nachhaltigkeit ein wichtiger Maßstab ihres Handelns. Wir achten daher auf den Einsatz umweltschonender Ressourcen und Materialien.

Alle Rechte vorbehalten
© 2017 Patmos Verlag der Schwabenverlag AG, Ostfildern
www.patmos.de

Umschlaggestaltung, Innenlayout und Satz:
Finken & Bumiller, Stuttgart
Druck: Beltz Bad Langensalza GmbH, Bad Langensalza
Hergestellt in Deutschland
ISBN 978-3-8436-0790-2 (Print)
ISBN 978-3-8436-0791-9 (eBook)

Inhalt

Vorwort:
Lebenslust – aus ganzer Seele leben
→ 11

Lebenslust als Lebenshaltung
→ 15

Lebenslust ist gesund / Lebenslust-Übung: Was ist für Sie Lebenslust? / Meine Geschichte mit der Lebenslust / Das Leben genießen / Wenn nicht jetzt, wann dann? / Bedingungslose Akzeptanz

Lebenslust-Tipps und Rituale für jeden Typ und jeden Tag
→ 35

LEBENSLUST FÜR ALLE, DIE STÄNDIG AUF TRAB SIND
→ 37

Abschalten – wie geht das überhaupt? / Die Pausetaste drücken / Langsam wie eine Schnecke werden / Lebenslust-Übung: Wohlfühlort / Es gibt nichts zu tun für dich / Ab in die Hängematte

LEBENSLUST FÜR DIE, DIE IMMER FÜR ANDERE DA SIND
→ 45

Lassen Sie es – dann klappt das Loslassen besser / Lebenslust-Übung: Post-it-Ritual / Empathie mit gesunder Distanz / Energieräubern und -räuberinnen gelassen begegnen / Resilient werden / N' Scheiß muss i – wie man in Bayern sagt / Jetzt sind Sie an der Reihe

LEBENSLUST FÜR PERFEKTIONISTINNEN,
OPTIMIERER UND KONTROLLFREAKS
→ 53

Wenn du Gott lachen hören willst, mach einen Plan / Unvorhergesehenes willkommen heißen / Fehler machen erwünscht / So unperfekt wie möglich / Wenn „nix" geht / Lebenslust-Übung: Freihändig kochen / Unbewusst leben

LEBENSLUST FÜR NEINSAGER, SKEPTIKER
UND PESSIMISTINNEN
→ 61

Auf die Sonnenseite wechseln / Lebenslust-Übung: Plus-Minus-Liste / Lustkino statt Horrorfilm / Ich will's nicht wissen / Dem Leben vertrauen / Lebenslust-Übung: Mehr als man denkt / Ja sagen

FREUNDLICH NEIN SAGEN FÜR ALLE,
DIE IMMER JA SAGEN
→ 68

Jedes Nein zu anderen ist ein Ja zu sich selbst / Lebenslust-Übung: Nein sagen / Anpassungsdruck ade / Nicht jeder muss Sie mögen / Sie arbeiten nicht in der Notaufnahme / Gesunder Egoismus

LEBENSLUST FÜR KOPFGESTEUERTE
→ 76

Der Kopf ist nicht der Schlauere / Lebenslust-Übung: Worauf stehe ich? / Der Kopf denkt – der Körper lenkt / Lebenslust-Übung: Die Gedanken waschen / Fußpflege / Keine Angst vor Gefühlen / Ins Fühlen kommen / Gefühle egal welcher Couleur begrüßen / Weinen ist gesund, Lachen sowieso / Gefühle tun der Seele gut / Der Intuition folgen

LEBENSLUST FÜR BASTLERINNEN
UND KREATIVE
→ 88

Do-it-yourself als nachhaltige Gesundheitsstrategie / Gestaltungslust ist Lebenslust / Ideen sollen begeistern / Dem Glück einen Stuhl anbieten / Lebenslust-Übung: Glücksmomente / In den Flow kommen / Singen im Auto

LEBENSLUST FÜR BEWEGUNGSFAULE
→ 97

Wer sich nicht bewegt, wird bewegt / Bewegung hilft beim Loslassen / Bequem sein und faule Tage genießen / Chill Dein Leben / Unterm Baum liegen / 1 Kilometer abschneiden

LEBENSLUST FÜR AKTIVE UND SPORTLICHE
→ 105

Geschwindigkeit beflügelt die Seele / Sport, Sport, Sport ist auch keine Lösung / Wer ständig vorbeugt, kann sich nicht zurücklehnen / Entspannt im Fluss bleiben / Genügsamkeit statt Ehrgeiz

SPIRITUELLES FÜR „ESOTERIKERINNEN
UND ESOTERIKER"
→ 110

Psychohygiene ist die Seele putzen / Lebenslust-Tipps: 5-mal Psychohygiene / Selbstfürsorge – sich selbst hegen und pflegen / Im eigenen Leben den roten Faden sehen / Lebenslust-Übung: Lebensfaden / Selbstheilung / Die Natur als Freundin / Lebenslust-Übung: Einen Baum umarmen / Mutter Erde würdigen und sich mit ihr verbinden / Meditieren und beten

LEBENSLUST-RITUALE FÜR KÖRPER UND GEIST
→ 125

Lebenslust-Übung: 3-mal untertauchen / Unter der Dusche die Seele reinigen / Lebenslust-Übung: Wasserfall / Heilung der Seele ist mehr als ein gesunder Körper / Tatendrang im Haushalt / Flohmarkt für den Geist / Im silbernen See schwimmen / Schlafen, ruhen, still sitzen

LEBENSLUST IM LANGWEILIGEN (ALL-)TAG
→ 133

Mit Begeisterung den Tag begrüßen / Lebenslust-Übung: Morgenritual / Beobachten und wertschätzen / Überraschungen erfinden / Lebenslust statt Arbeitsfrust / Im Überfluss sein und leben

MIT KINDERAUGEN DURCH DIE WELT SPAZIEREN
→ 138

Neugierig bleiben / Staunen lernen / A bisserl Schmarrn muss sein / Sich was trauen und vertrauen / Mutiger werden / Lebenslust-Übung: Rollentausch

SICH SELBST VERFÜHREN UND BEGEISTERN
→ 144

Eigene Ansprüche runterschrauben / Lebenslust-Übung: Blind malen / Erlauben Sie sich alles / Lebenslust-Übung: Erlaubnisbrief und Erlaubnis-Mantras / Genießen ohne Stoppschild / Belohnen Sie sich / Selbstlob stinkt nicht / Lebenslust-Übung: Selbstlob / Lieben Sie sich selbst zuerst / Lebenslust-Übung: Selbstliebe / Danke sagen / Lebenslust-Übung: Jahresrückblick und Neujahrswünsche

LEBENSLUSTIGE STRATEGIEN FÜR DIE KOMMUNIKATION
→ 157

Fasse dich kurz und sprich von Herzen / Mit Klarheit die Dinge sehen / Achtsam sein in der Sprache / Wünsche und Kritik angemessen äußern / Lebenslust-Übung: Ich-Sätze / Bedürfnisse erfragen und Annahmen hinterfragen / Wie Sie selbst mit Kritik umgehen können

MITEINANDER DAS LEBEN FEIERN
→ 166

Beziehungen gestalten, damit sie guttun / Lebenslust-Übung: Lebenslustbrief / Freundlich und zärtlich aus dem Herzen leben / Gutes Tun beginnen / Sich inspirieren lassen / Lebenslust-Übung: Stafette / Kontakte pflegen / Verzeihen und versöhnen / Verbunden sein

Nachwort
→ 179

Lebenslust-Übungen auf einen Blick
→ 181

Danke
→ 182

Veranstaltungen
→ 183

Anmerkungen
→ 184

Literatur
→ 185

Vorwort: Lebenslust – aus ganzer Seele leben

Liebe Leserin und lieber Leser,

was ist für Sie Lebenslust? Verspüren Sie Lust an den Dingen, die Sie tun? Lachen Sie jeden Tag? Mit welcher Miene verlassen Sie morgens das Haus? Freuen Sie sich auf die Ereignisse, die vor Ihnen liegen? Oder bestimmen Verpflichtungen, Regeln, To-do-Listen Ihren Alltag? Wie eng ist das Korsett, das Sie sich geschnürt haben? Was tut Ihnen gut? Was wünschen Sie sich?

Lebenslust für alle Fälle beschreibt Möglichkeiten einer tiefer gehenden Entfaltung der psychischen Stärke und inneren Widerstandskraft. Dazu gehören Haltungen und Strategien für den Alltag.

Vergessen Sie freudlose Optimierungskonzepte und kraftraubende Disziplinierungspläne. Es geht um viel mehr: um den Rest Ihres Lebens, um das Verlassen von ausgelatschten Wegen, um Ihr Wohlbefinden, Ihre Freude am Dasein, Ihre Begeisterung für sich selbst und für andere sowie schließlich um ein Vertrauen in das Leben.

Sie können es wagen, Ihrem Leben neue Lebenslust einzuhauchen. Was passieren kann, ist, dass Sie in Bewegung kommen. Veränderungen können Spaß machen. Gerade wenn sie einen offenen Ausgang haben ohne festes Ziel, nur der Lebenslust wegen, um sich mal wieder ein Sahneschüsselgefühl zu gönnen. Verzichten Sie auf die vermeintliche Sicherheit, die oftmals jede Lust am Leben zubetoniert. Mit der Lebenslusthaltung geben Sie ganz bewusst ein Stück der Sicherheit auf, in dem Wissen, dass es Sicherheit eh nicht gibt, weder für Ihre Lebensplanung noch für Ihre Gesundheit. Wie heißt es so treffend: Wenn du Gott lachen hören willst, dann mach einen Plan.

Die Lebenslusthaltung geht über eine reine Spaßkultur hinaus. Es geht um tiefer gehende Anliegen wie das Loslassen von Verhaltens- und Denkmustern, die uns daran hindern, das Leben zu genießen.

Wie sähe ein erfülltes Leben für mich aus? Was möchte ich weglassen, weil es nicht guttut? Was wünsche ich mir von Herzen? Wofür lebe ich? Wofür stehe ich? Was ist meine Aufgabe? Was will ich verwirklichen? Was sind meine Motive für meine Taten und Untaten? Folge ich meinem inneren Kompass? Lebe ich mein Leben? Lebenslust für alle Fälle möchte Ihnen zuflüstern, dass Sie sich jeden Tag selbst verführen, sich etwas erlauben, sich immer wieder so frei wie möglich entfalten dürfen. Nur die Freude an sich selbst, die Begeisterung für das eigene Dasein schenkt uns Wohlbefinden.

Die Lebenslusthaltung ist als nachhaltige Gesundheitsstrategie zu verstehen. Das Perfektionsdenken und der Anpassungsdruck sind enorm hoch. Sogar Gesundheitsprävention ist zum Muss geworden und soll durch Selbstoptimierung erreicht werden. Der häufigste Grund für Erschöpfung und Burnout ist, dass wir nicht mehr verstehen, was um uns herum passiert, und wir die Orientierung verlieren. Die globalen Zusammenhänge sind oft sehr komplex und vieles unklar. Wir haben den Eindruck, auf unsere Lebensbedingungen nicht mehr selbst Einfluss nehmen zu können. Wir schotten uns ab und schauen nicht mehr über den Tellerrand hinaus. Ein Gefühl der Sinnlosigkeit macht sich breit. Wir kontrollieren unseren Körper, unsere Ernährung, die Partnerfindung, die freie Zeit, das Aufwachsen unserer Kinder, die Pflege der Eltern, unsere Karriere und sogar unsere Kollegen und Nachbarn. Eine Managementhaltung bestimmt unsere Lebenshaltung. Die Gestaltung nahezu sämtlicher Lebensbereiche werden zwei Werten unterworfen: Wachstum und Optimierung. Selbstoptimierung ist zum Mittelpunkt unseres Alltags geworden. Mit der Informationsflut, wie wir uns noch mehr anstrengen können, steigen unsere Ansprüche an uns selbst. Doch irgendwann sind unsere Bewältigungsmöglichkeiten erschöpft und unsere psychischen Grenzen erreicht. Die Seele können wir nicht erweitern, vergrößern, verbessern. Wollen wir nicht in den Erschöpfungszustand geraten, sondern den eigenen Sinn des Lebens – über das reine Funktionieren hinaus – wieder entdecken, sollten wir uns (wieder) der Gestaltungsfreude, Offenheit, Zuversicht, dem Vertrauen, wohltuenden Beziehungen, kurzum der Lebenslust widmen.

Wir haben gelernt, uns anzupassen, unseren inneren Antreibern brav zu folgen und zu funktionieren. Wir können uns genauso gut dafür entscheiden, den inneren Impulsen zu folgen, die ein gutes Leben ausmachen, und damit der Lebenslust folgen. Ein gelungenes Leben ohne Druck und mit Gestaltungsspielraum für uns selbst wirkt wie ein Jungbrunnen auf unsere Gesundheit.

Lust an den Dingen, die wir tun, erleben und fühlen, darum geht es im Lebenslustbuch. Ich möchte Sie ermutigen, Ihr Denken und Handeln zu hinterfragen und jeden Tag mit Lebenslust aufzufüllen. Sowohl in den kleinen Dingen als auch in den großen Wichtigkeiten des Lebensplanes. Sowohl bei oberflächlichem Spaß als auch in den tiefer gehenden

Schichten unseres Daseins, also auf allen Ebenen von Körper, Geist, Seele und im Herzen.

Warum die Bedeutung unserer psychischen Gesundheit zugenommen hat und Lebenslust als gesunde Selbstfürsorge und nachhaltige Gesundheitsstrategie verstanden werden kann, beschreibe ich im ersten Kapitel ausführlicher. Für die verschiedenen Persönlichkeitstypen, die vielfältigen Rollen, die wir im Alltag einnehmen, sowie für unterschiedliche Lebenssituationen habe ich im zweiten Kapitel Tipps und Rituale für eine neue Lebenslusthaltung zusammengestellt. Die konkreten Lebenslust-Übungen habe ich in Seminaren, Workshops und Vorträgen praktisch erprobt und sie sind von den Teilnehmerinnen und Teilnehmern für gut befunden worden. Alle Lebenslust-Strategien sind einfach umsetzbar, machen Spaß und kosten wenig bis nichts.

Lebenslust aus ganzem Herzen heraus ist der Schlüssel für ein gesundes Leben und dabei geht es um alles andere als Selbstoptimierung. Die Seele lässt sich nicht optimieren. Wie wunderbar! Ich möchte Sie einladen, einen Blick durch die Lebenslustbrille zu werfen und Ihre Lebenslust behutsam oder beherzt – je nachdem welcher Typ Sie sind – zu entdecken und zu entfalten. Jeden Tag Lebenslust für alle, die gesund und munter bleiben wollen, ist das Motto des Lebenslustbuchs.

Gutes Gelingen wünscht Ihnen

Andrea Länger

Lebenslust als Lebenshaltung

Weshalb ein Lebenslustbuch? Wofür? Wir leben im Wohlstand und sind materiell gut versorgt. Wir besitzen ein funktionierendes medizinisches System, können unsere Kinder in einem differenzierten Bildungssystem heranwachsen sehen und genießen eine stabile Demokratie, in der wir als Bürgerinnen und Bürger mitbestimmen können. Wir haben gute Voraussetzungen für ein gutes und gesundes Leben. Wir könnten also zufrieden sein. Auf den ersten Blick Ja. Manchen Menschen gelingt es, manchen gelingt es weniger oder gar nicht. Blickt man hinter die Kulissen des Wohlstands und Reichtums kommen Symptome zum Vorschein, die mich zum Nachdenken anregen.

Psychische Probleme und Störungen nehmen schneller zu als körperliche Krankheiten. Nach Angaben der Weltgesundheitsorganisation hat sich seit den 90er Jahren die Zahl der Depressionen und der Angststörungen weltweit verdoppelt.[1] Jeder vierte Europäer ist einmal pro Jahr von einer psychischen Störung betroffen.[2] 42 Prozent aller Bundesbürgerinnen und Bundesbürger erkranken im Laufe ihres Lebens an einer behandlungsbedürftigen psychischen Erkrankung.[3] An den Fehlzeiten am Arbeitsplatz ist diese Entwicklung ablesbar. Laut der jährlichen Studie der Bundespsychotherapeutenkammer liegen bei circa 14 Prozent aller Fehlzeiten in Deutschland psychische Erkrankungen zugrunde. Tendenz steigend. Das sind die Diagnosen, die ärztlich festgestellt werden.[4] In der Schweiz[5] und in Österreich[6] sind ähnliche Entwicklungen beobachtbar. Deutliche Zeichen eines seelischen Unbehagens, wie ich meine. Hinzu kommt, dass nur wenige der Erkrankten adäquat behandelt werden.[7]

Auch wenn der seelischen Gesundheit und dem psychischen Wohlbefinden – glücklicherweise – heute mehr Beachtung geschenkt werden als früher. Und wenn die Zunahme der diagnostizierten psychischen Erkrankungen eine Folge der erhöhten Wahrnehmung psychischer Befindlichkeiten ist, und die Zahl der Betroffenen an sich nicht zugenommen hat, besteht doch Grund zur Sorge.

Unser Glück und unsere Lebenszufriedenheit haben sich mit dem wachsenden Reichtum und Wohlstand nicht in dem gleichen Ausmaß vermehrt hat. Im internationalen Vergleich liegt Deutschland auf der Glücks- und Zufriedenheitsskala im zweiten Drittel von knapp 100 Ländern; europaweit im mittleren Bereich. Zwar steigt die Lebenszufriedenheit bis zu einer gewissen Einkommensschwelle an; doch sind bestimmte Standards erreicht, steigt das Glück nicht proportional mit zunehmendem Einkommen an.[8] Mehr Geld macht also nicht glücklicher und gesünder. Woran liegt das? Warum werden wir nicht unserem wachsenden Wohlstand entsprechend gesünder und glücklicher? Wieso genießen wir den erreichten Lebensstandard nicht einfach? Wir sollten mit unserem viel gelobten Gesundheitssystem doch gesund leben können? Warum geht es uns heute vielfach psychisch nicht gut? Was macht uns krank?

Ich habe den Eindruck, je mehr wir auf der einen Seite vorbeugen, desto weniger erlauben wir uns auf der anderen Seite, uns zurückzulehnen und den Mehrwert auszukosten. Im Gegenteil, wir optimieren täglich Körper und Geist. Woher kommt der Druck, jeden Tag aufs Neue bis an die körperlichen, geistigen und psychischen Grenzen, bis zur Erschöpfung zu arbeiten? Werfen wir dazu einen kurzen Blick auf die größeren Zusammenhänge: Die marktwirtschaftliche

Ausrichtung unseres Lebens und Arbeitens fordert von uns stetiges Wachstum und unablässige Effizienzsteigerung. Die globale Vernetzung hat die Geschwindigkeit der Informationsvermittlung rasant erhöht. Die Folgen sind eine enorme Informationsflut, ein hoher Anspruch an Flexibilität in vielen Lebensbereichen, die Aufweichung von Grenzen zwischen privaten und beruflichen Angelegenheiten, Individualisierungs- und Isolierungstendenzen. Dies alles führt zu einem permanenten Anpassungs-, Termin- und Zeitdruck am Arbeitsplatz und in unserem Privatleben. Die Wachstumsgrenzen allerdings sind nicht nur in wirtschaftlicher und ökologischer Hinsicht erreicht; auch die Grenzen unserer psychischen Belastbarkeit und Widerstandskraft sind spürbar und an Symptomen ablesbar. Dieser Zusammenhang wird nicht nur von Ökonomen[9] und anderen Experten hergestellt, sondern er ist längst mit gesundem Menschenverstand – auch von mir, einer Sozialpädagogin – erkennbar. Können wir wirklich nur immer weiter in die eine Richtung laufen? Wollen wir das? Der Preis ist hoch. Unsere körperliche Gesundheit konnten wir in den letzten Jahrzehnten optimieren und sogar unseren Körper immer weiter einem Idealbild anpassen, doch es sieht so aus, als zeige unsere Psyche deutliche Signale in Form von Burnout, Depressionen, Angstzuständen und Erschöpfungssymptomen. Unsere Psyche können wir nicht wie unsere Muskeln im Fitnessstudio trainieren oder mit Nahrungsergänzungsmitteln optimieren.

Psychische Gesundheit benötigt gute Lebensqualität, nicht -quantität. Wir Menschen haben eine Seele und um gesund bleiben zu können, benötigt unsere Seele Haltungen und Strategien, die nicht nur der Vermehrung von materiellen Gütern und der Erhöhung des Status folgen, sondern Wohlfühlen und Wohlbefinden in unseren Lebensalltag miteinbeziehen.

Mit Achtsamkeit, Selbstfürsorge, Genügsamkeit, Nein sagen können, unangepasst sein, Fünfe gerade sein lassen, Langeweile haben sowie faul, unproduktiv und unperfekt sein, können wir unsere psychischen Kräfte und unsere Resilienz erhöhen und somit widerstandsfähiger werden gegenüber uns schadenden Lebens- und Arbeitsbedingungen.

Lebenslust, Lockerheit, Leben aus ganzer Seele kann bedeuten: Kopf ausschalten und losleben, egal wie, wo und mit wem. Hauptsache, der Druck, der auf uns lastet, lässt nach. Lachen aus vollem Herzen bis wir nicht mehr denken können. Nicht lange überlegen, sondern aus dem Bauch heraus intuitiv handeln und an unser Wohlbefinden statt an unser Konto denken. Raus aus der Anhäufung von Waren, Geld und Status und der Annahme, es ginge uns immer besser, wenn wir dies stets vermehren würden.

Eine Haltung, die mehr Lebenslust ermöglichen soll, ist also immer auch eine Lebenshaltung, die alle Lebensbereiche und die Frage nach dem Sinn des Lebens betrifft. Lebenslust ist sowohl die kurzfristige Befriedigung der Bedürfnisse im Hier und Jetzt nach Lachen, Leichtigkeit und Loslassen von Sorgen und Anstrengungen als auch ein Lebensstil, der sich als eine nachhaltige Gesundheitsstrategie beschreiben lässt. Die Reflexion des eigenen Denkens und Handelns sowie das Hinterfragen des Lebenssinns gehören dazu: Wie möchte ich leben? Wie möchte ich arbeiten? Was tut mir gut? Welche Beziehungen tun mir gut? Wann fühle ich mich wohl? Was tut anderen gut? Was schadet der Umwelt? Was schadet meinen Mitmenschen? Wie erhalte ich meine körperlichen, geistigen und seelischen Ressourcen? Wie erhalte ich die ökologischen und ökonomischen Ressourcen? Was bringt echte Freude? Lebenslust ist sowohl eine tägliche als auch eine langfristige Gesundheitsstrategie. Psychische Gesundheit ist ohne nachhaltiges Leben kaum zu erlangen.

Zu den Begriffen „gesund" und „krank" eine Anmerkung. Weitet man den Blick, werden diese Etiketten unscharf. Gesund können Menschen sein, selbst wenn sie körperliche Beeinträchtigungen haben. Die Sportlerinnen und Sportler der Paralympics sind dafür beispielhaft. Gestresste und griesgrämige Menschen, die nichts mehr um sich herum wahrnehmen, Druck auf andere ausüben und schlechte Laune verbreiten, können in diesem Sinn als kränker bezeichnet werden als die Kinder auf einer Krebsstation, denen es gelingt – trotz der täglichen Herausforderungen, die sie zu meistern haben – ein Lächeln auf die Gesichter ihrer Familienangehörigen zu zaubern. Mit dem Begriff der psychischen Gesundheit verhält es sich gleichermaßen komplex. Es gibt unzählige Diagnosen für psychische Störungen. Aus meiner Perspektive als Sozialpädagogin, als Expertin für die betriebliche Gesundheit sowie als Sozialwissenschaftlerin, die psycho-soziale Bewältigungsstrategien von Männern und Frauen mit Krebs erforscht, sind diejenigen psychisch gesund, die von innen heraus Lebensfreude ausstrahlen. Kinder mit dem Down-Syndrom und ihre Art und Weise, Gefühlen Ausdruck zu verleihen, scheinen mir sehr gesund zu sein. Sie strahlen von innen heraus – ohne irgendetwas zu tun. Die Grenzen zwischen Gesundheit und Krankheit sind fließend. Es kann heilsam sein, sich von den Etikettierungen durch Außenstehende und der eigenen Identifizierung mit Diagnosen zu befreien. Gesundheit ist mehr als sich körperlich wohlzufühlen. Die Basis ist in jedem Fall die seelische Gesundheit.

LEBENSLUST IST GESUND

Eng definierte Verhaltensregeln, strenge Ernährungspläne und optimierte Trainingskonzepte können Stress, Druck und Zeitnot erzeugen. Jeden Tag schlecht gelaunt zu sein und in allem und jedem das Haar in der Suppe herauszupicken, das behindert die Glückshormonausschüttung. Unser seelisches Gleichgewicht, unsere Gefühlslage und unsere Gedankenwelt beeinflussen unsere Gesundheit genauso wie der Lebensstil, den wir unserem Körper angedeihen lassen.

Jeden Tag mit Lebenslust aus ganzer Seele leben heißt, jeden Tag meine Aufmerksamkeit nicht nur auf meinen Körper zu richten, sondern auch auf meine Gedanken, Gefühle und mein seelisches Gleichgewicht. Die Wahrnehmung für unser psychisches Wohlbefinden erhöhen und auf die Warnsignale achten. Gesundheit ist nichts, was wir uns kaufen, von anderen herstellen lassen können. Gesundheit kann nicht in unseren Körper von oben hineingeschüttet werden und nur selten können Ärztinnen und Ärzte den Körper mit technischen Geräten auf den Gesundheitszustand vor einer Störung zurücksetzen. Wir haben keine Reset-Taste. Medizintechnik, Operationen, Reha-Geräte, Medikamente können uns bei der Erhaltung und Förderung einer guten körperlichen Verfassung unterstützen, doch zu Gesundheit führen diese Behandlungen erst, wenn sie auch unserem psychischen Wohlbefinden guttun.

An dem Ausspruch „im Krankenhaus wird man nicht gesund" ist etwas dran. Die eigentliche Heilung beginnt danach.

Wenn wir wieder eintreten in den eigenen Lebensraum mit vertrauten Menschen, selbst bestimmten Abläufen und in unsere Wohlfühlatmosphäre. Diese vermeintlichen Nebensachen der Heilung sind die Dinge, die der Seele guttun und uns psychisch stark machen. Für die Lebenszufriedenheit stehen gute Beziehungen zu anderen Menschen weit oben auf der Skala. Für die Seele heilsam sind aus neurobiologischer Sicht die einfachen und kostenlosen Dinge wie Begeisterung für sich selbst und andere, Beziehungsfähigkeit, Entdeckerfreude, Gestaltungslust, Lebensfreude, Offenheit, Vertrauen und Zuversicht. Gerald Hüther, der bekannte Neurowissenschaftler, beschreibt in seinen Vorträgen [10] wunderbar den Zusammenhang zwischen diesen Fähigkeiten, den von uns gemachten Erfahrungen und unserer (seelischen) Gesundheit.

Beziehungen pflegen, Freude am Entdecken und Gestalten spüren, offen für neue Erfahrungen bleiben, Vertrauen in sich selbst und andere aufbauen, hoffnungsvoll und zuversichtlich durchs Leben gehen sind glücklicherweise Umstände, auf die wir selbst einen Einfluss haben. Diese Haltungen können gelingen, sobald wir uns innerlich bewegen und für Veränderungen offen bleiben. Für Lebensereignisse, die von außen auf uns zukommen und uns auf den ersten Blick vielleicht unangenehm erscheinen mögen, gilt es, selbst die Verantwortung zu übernehmen.

Für ein gesundes Leben empfiehlt die Neurobiologie – wie oben ausgeführt – sogar ausdrücklich, neue Erfahrungen zu machen. Der richtige Zeitpunkt ist dann, wenn Ihnen danach ist. Auch wenn Sie ihn nicht vom Kopf her selbst gewählt haben. Vielleicht hat das diesmal Ihre Seele oder Ihr Körper für Sie arrangiert? Wer sich nicht bewegt, wird bewegt. Ein erster Schritt: Mit der Lebenslust-Übung können Sie sich fragen, was bedeutet Lebenslust eigentlich für mich.

LEBENSLUST-ÜBUNG:

WAS IST FÜR SIE LEBENSLUST?

Nehmen Sie ein Blatt Papier und schreiben Sie alle Buchstaben des Alphabets am linken Blattrand untereinander der Reihenfolge nach auf. Füllen Sie jeden Buchstaben des Alphabets jeweils mit einem Begriff aus, der diesen Anfangsbuchstaben hat und der für Sie Lebenslust verkörpert. Sie können es mit Ihrer Familie und Ihren Freunden gemeinsam ausfüllen. Dann kommen Sie gleich miteinander ins Gespräch darüber und können miteinander die Lebenslust vervielfältigen.

MEINE GESCHICHTE MIT DER LEBENSLUST

Meine Schwester hat mich kürzlich gefragt, was für mich Lebenslust sei. Für mich ist Lebenslust aus dem Bedürfnis nach Lebensqualität entstanden: Vor sechzehn Jahren war ich an Brustkrebs erkrankt und die Frage nach der Lebensqualität hat sich mir unausweichlich gestellt. Interessanterweise fühle ich mich seit meiner Krebserkrankung gesünder als zuvor. Genauer gesagt, ich fühle mich wohler als vorher, weil ich mich heute freier fühle und mir ein entspannteres Leben erlaube. Mit der Lebenslusthaltung ist es mir gelungen, mich selbst zu heilen und gesund zu bleiben. Angesichts einer lebensbedrohlichen Erkrankung verschieben sich plötzlich die Perspektiven auf das routinierte Alltagshandeln und die eingeübten Verhaltensweisen des Funktionierens. Die Veränderungen, die ich in dieser Zeit in meinem Leben vorgenommen habe, konnte ich mit dem Argument „ich weiß nicht, wie lange ich noch lebe" wunderbar begründen.

Mit dieser Haltung stellte ich vieles grundlegend in Frage: Arbeite ich im richtigen Job? Bin ich mit dem richtigen Partner zusammen? Ist eine Paarbeziehung für mich die richtige Lebensform? Verfolge ich meine Träume und Ziele? Lebe ich meine Wünsche oder die der anderen? Was will ich überhaupt? Wie durch eine Lupe reflektierte ich mein privates und berufliches Leben. Aus der Angst heraus etwas zu verpassen – sollte ich nur noch eine kurze Zeit leben – wollte ich den Rest meines Lebens damit verbringen, mir, so gut es im Schatten einer solchen Diagnose möglich ist, ein schönes Leben zu machen.

Rückblickend betrachtet musste also erst ein Riesenschock her, damit ich mir klar darüber wurde, was ich will und was ich nicht mehr will. Im Laufe der Jahre nach dieser Schockdiagnose veränderte sich so ziemlich alles. Ich gestaltete mein Leben völlig neu. Ich zog in meine Heimatstadt zurück, trennte mich von meinem langjährigen Partner, kündigte meinen unbefristeten sicheren Vollzeitjob als Sozialpädagogin. Ich meldete mich arbeitslos, absolvierte ein Praktikum in einer Unternehmensberatung einer Freundin und probierte neue berufliche Perspektiven aus. Wie Phönix aus der Asche stieg ich aus dieser Krise hervor. Nicht von heute auf morgen, aber im Laufe der Jahre wuchsen meine Zuversicht, mein Selbstbewusstsein, meine Offenheit für neue Erfahrungen, die Lust daran, Neues auszuprobieren und zu gestalten. Die Begeisterung für all diese neuen Entwicklungen und neu hinzugewonnenen Freiheiten steigerte sich mehr und mehr. Aus heutiger Sicht hat diese Erschütterung mein Vertrauen in mich, in meine Stärken und in meine Lebenskraft enorm wachsen lassen.

Die Frage nach der Lebensqualität wird im Zusammenhang mit einer Krebserkrankung permanent gestellt. Das ist gut so. Dass eine Krise auch positive Neben- und Auswirkungen haben kann, erwartet man weniger. Beispielsweise habe ich durch den Haarverlust während der Chemotherapie ein ganz neues Selbstbewusstsein in mir entdeckt. Statt der empfohlenen Perücke eröffnete mir der Umgang mit meiner Glatze die Erfahrung, mein Anderssein in dieser Zeit sichtbar werden zu lassen und nicht so zu tun, als würde alles so weiter laufen wie bisher. Was es ja offensichtlich nicht tat.

Für mich war Lebensqualität immer mit der Frage nach der Lebenslust verbunden. Ich war 34 Jahre alt und wollte nicht nur eine gewisse Lebensqualität erhalten. Das genügte mir nicht. Ich wollte die mir verbleibende Zeit mit mehr Tiefsinn, mehr Freude, eben lebenslustiger verbringen. „Bringen Sie Ihre Endorphine zum Überlaufen", riet der Chefarzt der Freiburger Krebsklinik seinen Patientinnen und Patienten.

Meine Freundin Karla, die ich dort kennengelernt hatte, und ich vereinbarten, dass wir diesem Rat folgend zukünftig die Glückshormone zum Sprudeln bringen würden – und zwar so oft wie möglich. Wir saßen Prosecco trinkend und rauchend im Café und lachten uns kaputt über die Vorstellung, wie die Leute wohl reagieren würden, wenn sie wüssten, dass wir Krebs hatten. Wir nahmen uns vor, uns darum zu kümmern, dass es uns gut ginge und nicht mehr die Sorge für andere zu übernehmen und darauf zu achten, deren Erwartungen zu befriedigen. Der Anpassungsdruck schien uns eine Ursache der Erkrankung zu sein. Die Aussage des Chefarztes ermutigte uns geradezu, dem Anpassungsdruck mit Lebenslust in allen Formen und Farben Widerstand zu leisten. Für mich wurde diese Lebensphase zu einer Gelegenheit, mir neue innere und äußere Freiheit zu erlauben. Lebenslust wurde zu meinem Lebensmotto und zu einer Lebenshaltung, die bis heute anhält.

Lebenslust ist pure Freude aus dem Herzen heraus, tief verbunden mit dem inneren Faden zur Seele. Aus dem Bauch heraus von ganzem Herzen lachen, das Leben im Moment genießen, in Verbindung mit anderen Menschen. Im Einklang sein mit der Natur. Beim Einatmen spüren, in welchem wunderbaren Moment ich mich befinde. Die Momente der Leichtigkeit wahrnehmen und genießen. Im besten Fall verbunden mit dem Gefühl, auf genau dem richtigen, dem ureigenen Lebensweg unterwegs zu sein. Die Ziele verfolgen zu können, die mir wirklich am Herzen liegen. Mit Begeisterung für das, was ich tue, leben, egal ob ich gerade Marmelade einkoche, mit dem Rad in die Stadt fahre oder vor den Teilnehmerinnen und Teilnehmern eines Seminars stehe. Mein Leben selbst gestalten können, meine Handlungen konsequent verfolgen, weil ich von innen heraus motiviert bin, also Lust darauf habe. Das Gegenteil wäre, die Dinge mit Disziplin zu machen, meine Unlust zu überwinden und letztlich gegen meinen Willen mir selbst etwas anzutun.

Meine zweite Lieblingsschwester drückte es kürzlich so aus: „Lebenslust sind die Sachen, die Spaß machen, genügend Zeit für diese Sachen zu haben, egal ob bei der Arbeit oder in der Freizeit. Alles andere vermiest auf Dauer die Lebenslust."

Wir sollten häufiger das tun, was uns mit Leichtigkeit gelingt und versuchen, unsere Arbeit danach auszuwählen. Anstrengung gepaart mit Härte zu sich selbst und gegenüber anderen Menschen kann nicht gesund sein. Unsere Schwächen mühsam abzubauen ist der weitaus schwierigere Weg. Wie schön wäre die Welt, wenn möglichst viele Menschen vor allem ihre Stärken entfalten und aus dem Herzen heraus leben und arbeiten würden. Das ist eine wunderbare Vorstellung und wäre eine gute Art der Prävention gegen Kriege, Gewalt, Neid, Missachtung und Abwertung. Ein Leben voller Lebenslust aus ganzer Seele tut nicht nur uns selbst gut, sondern ist für alle Menschen um uns herum gesund; sogar für die Natur und die Mutter Erde.

Mit der Haltung von Lebenslust für sich selbst und seine Umwelt verändert sich die Wahrnehmung und die Achtsamkeit wie von selbst. Lebenslust heißt: Ja sagen zu den Dingen, die mir täglich begegnen, auch zu den Herausforderungen. Alles annehmen, damit das Leben am Fließen bleibt. Schritt für Schritt den eigenen Weg zeichnen. Im alltäglichen Leben und Handeln den Weg malen. Nicht in der Vergangenheit kleben und auch nicht in die Zukunft fliehen, sondern in der Gegenwart dahinschreiten. Das ist Lebenslust für mich heute, geboren als Geschenk aus einer Lebenskrise. Danke an die Göttinnen und Götter, die das für mich in diesem Leben eingefädelt haben und mir das Credo Lebenslust fortan auf meine Fahne gemalt haben.

DAS LEBEN GENIESSEN

Was hindert uns daran, das Leben zu genießen? Diese Frage habe ich mal in einer Zeitschrift gelesen, ich weiß nicht mehr, welche es war. Eine gute Frage, die ich mir häufig stelle, wenn irgendetwas in meinem Leben stockt und nicht richtig im Fluss ist. Eine gute Frage, weil ich, wenn es nicht weitergeht, umschwenken und erst einmal das Leben genießen kann. Später läuft es mit weniger Widerstand wieder besser oder sogar in eine andere, neue Richtung, die ich ohne das Stocken nicht gesehen hätte.

Warum heißt es eigentlich „erst die Arbeit, dann das Vergnügen"? Was hindert uns daran, das Leben und die Arbeit zu genießen? Das Leben ist nicht nur das Dasein außerhalb der Arbeitswelt und des Arbeitsplatzes, sondern unser gesamtes Leben mit allem, was dazu gehört in allen Lebensphasen. Work-Life-Balance ist ein, entschuldigen Sie, bescheuerter Begriff. Leben wir in der Arbeit nicht? Life Balance ist der Nachfolgebegriff. Nicht viel besser, denn das Leben bringt automatisch Aufs und Abs und Lebensereignisse wie Trennung, Scheidung, Krankheit, Tod, Geburt, Hochzeit, Arbeitsplatzwechsel, Umzug, Geldsorgen, schlechte Noten, Pflegefälle und vieles andere mit sich. Da bleibt es nicht aus, dass das Leben aus der Balance gerät.

Doch bei jeder Schräglage kann es nützlich sein, sich zu fragen: Was hindert mich daran, das Leben zu genießen? Wie kann ich die Hindernisse minimieren oder herausfordernde Lebensereignisse und Lebensphasen so gestalten, dass ich dennoch das Leben genießen kann? Wie kann ich mit den Gegebenheiten so umgehen, dass die Lebenslust zurückkommt? Wie wird das, was ich tue, zum Genuss? Die Ereignisse des Lebens, die mich ereilen, liegen oftmals außerhalb meines Einflussbereichs. Wie ich damit umgehe, kann ich jedoch selbst bestimmen und das liegt in meiner Verantwortung. Wenn ich am Schreibtisch sitze und merke, ich habe heute keine Lust zu arbeiten, stehe ich auf, hole mir was Leckeres zu trinken, stelle mir einen Blumenstrauß auf den Tisch und probiere es erneut. Meist klappt es dann besser. Wenn Ihnen ein Kleidungsstück zu eng geworden ist, quetschen Sie sich doch nicht jahrelang hinein?

Eine gute Eigenwahrnehmung und Selbstfürsorge ist der erste Schritt für die Lebenslust. In wirklich allen erdenklichen Situationen am Arbeitsplatz, in der Familie und unter Freunden, in der Nachbarschaft und an der Kasse im Laden kann ich dafür sorgen, dass ich den Pfad der Unlust verlasse und sich Lebenslust verbreitet. Lebenslust ist kostenlos und einfach. Die kleinen Dinge wie Lächeln, Hilfe anbieten, Danke sagen, gute Laune verbreiten, Zuhören und freundlich antworten oder einfach nur mitfühlend nicken, sind wertvolle Lebenslust-Details. Damit können wir jederzeit beginnen.

Die Frage, was Sie daran hindert, das Leben zu genießen, geht über diese einfachen Dinge, die durch eine kleine Verhaltensänderung meist noch gelingen, hinaus. Wenn es nicht mehr möglich ist, mich für das Gute und das Wohltuende zu entscheiden und weiter im viel zu engen Lebenskleid stecken bleibe, dann hindern uns innere Einstellungen, soziale und familiäre Prägungen und eingeübte Lebensmuster an der vermeintlich einfachen Umsetzung einer Veränderung. Wir verhaften in unseren Mustern wider besseres Wissen. Wer solche tiefer liegenden Überzeugungen und Lebensmuster hinterfragen möchte, kann beginnen sich mit seiner Herkunft und den dort geprägten Haltungen zu beschäftigen. Die Hindernisse, die uns den Genuss des Lebens und Lebenslust verwehren, sind beispielsweise Glaubenssätze. Sie lauten: sei perfekt, mach es allen recht, sei stark, mach schnell, beeil dich, arbeite hart, du bist nur eine Frau, du musst alles alleine schaffen, du musst alle Probleme lösen, du kannst das nicht, hör auf zu weinen, reiß dich zusammen – und viele mehr. Wir werden nicht mit diesen Glaubenssätzen geboren, sondern übernehmen unbewusst die Werte, Normen und Regeln unserer Eltern, unserer sozialen Umgebung sowie unserer Schule und der verschiedenen gesellschaftlichen Gruppen, in denen wir aufwachsen.

Die Glaubenssätze werden uns sozusagen mit der Muttermilch eingeflößt. Mantra-artig werden sie bis ins erwachsene Alter ausgesprochen, mehr oder weniger subtil vorgelebt und von uns selbst direkt oder versteckt – meist ohne Überprüfung – weitergegeben. Früheren Generationen war es nicht immer möglich, das eigene Verhalten psychologisch zu reflektieren. Das war eine andere Zeit. Das physische Überleben stand im Vordergrund. Heute ist das möglich. Wir haben Zugang zu dem Wissen und den Methoden der Psychologie und Psychotherapie. Wir haben die Chance dazu, und wie ich finde auch die Pflicht, die schädigenden und unter Druck setzenden Normen und Regeln nicht unreflektiert an unsere Kinder und Kindeskinder weiterzuvererben. Üblicherweise bekommen wir als Kind Aufmerksamkeit und Liebe, wenn wir uns an die Regeln, die vorgelebten Glaubenssätze halten und beispielsweise brav sind, still sitzen, uns ruhig verhalten, dies oder jenes tun und lassen und uns in der Schule anstrengen. Diese inneren Mechanismen können wir nicht so leicht abstreifen. Die Konditionierungen aus dem Kindesalter prägen uns stark, weil wir abhängig waren von den Eltern und unserer Umgebung und alles dafür taten, geliebt zu werden. Als Kinder haben wir nur diese Wahl. Wir können nicht weg.

Die Missachtung der familiären und gemeinschaftlichen Haltungen wird mit Liebesentzug, Abwertung oder anderen sozialen Strafen belegt. Um diese zu vermeiden, übernehmen wir die Ge- und Verbote und passen uns an. Diesen Vorbildern folgend bilden sich unsere inneren Überzeugungen heraus. Der soziale Druck ist dabei erheblich. Wir verhalten uns lieber konform, als eine Ächtung durch unser soziales Umfeld zu provozieren und auszuhalten. Hier liegt begründet, ob wir uns der Disziplin oder der Lust hingeben dürfen, ob wir funktionieren oder aus der Rolle fallen und uns Freiheiten nehmen können.

Kennen Sie die Sätze, die Sie als Kind immer wieder gehört und verinnerlicht haben? Spüren Sie manchmal einen Druck, der daraus resultiert? Diese Glaubenssätze sind unsere Antreiber, unsere Motivation und sie sind natürlich auch die Grundlagen einiger unserer Stärken:

- Müssen Sie es allen anderen recht machen? Stets bemerken Sie als Erste, wenn es jemandem nicht gut geht oder wenn ein Kaffeegedeck für eine Person fehlt.

- Müssen Sie immer stark sein und es fällt Ihnen schwer, sich verletzlich und vermeintlich schwach gegenüber anderen zu zeigen? Sie rocken das Ding und niemand merkt Ihnen an, wie es Ihnen wirklich geht. Sie haben die Gabe, dass andere nicht bemerken, wie Sie sich fühlen. Das kann in manchen Situationen ein großer Vorteil sein, wenn wirkliche Gefühlslagen nach außen nicht sichtbar sein sollen.

☀ Müssen Sie immer alles alleine machen? Ihre Stärke ist es vermutlich, dass Sie als Einzelkämpferin und Einzelkämpfer in schwierigen Zeiten durchs Leben kommen, wo andere aufgeben. Sie vollbringen Taten, für die Sie von anderen bewundert werden, weil sie nur in Gemeinschaft ihre Stärken ausleben können.

Und so gibt es für jeden Glaubenssatz viele positive Seiten, die zu unseren Talenten und Stärken geworden sind. Doch sobald wir uns mit den Antreibern über ein gesundes Maß hinaus identifizieren, können sie zum Stolperstein werden und uns Stress bereiten und unter Druck setzen. Dann wird es Zeit, sie zu erkennen und zu reflektieren.

Das Gute ist, sie sind veränderbar. Sollten Sie wieder einmal glauben „Ich muss dies oder jenes machen", dann stellen Sie ein Stoppschild auf mit der Frage: „Muss ich?" Die Muss-Mantras, die auf Sie einwirken, können Sie umformulieren und Ihren (neuen) Überzeugungen und veränderten Lebenshaltungen anpassen. So kann die Lebenslust als Lebenshaltung gelingen und bleibt nicht nur im Kopf als reines Wissen abgelegt im Sinne von „Ich müsste mal wieder", sondern wird im Herzen und im Bauchgefühl verankert.

Wie aus belastenden Glaubenssätzen entspannte Erlaubnis-Mantras werden, erfahren Sie im Absatz Erlauben Sie sich alles unter Sich selbst verführen und begeistern.

WENN NICHT JETZT, WANN DANN?

Papst Franziskus beeindruckt mich sehr. Er lebt seit Beginn seiner Amtszeit Barmherzigkeit, Genügsamkeit und Herzensliebe vor wie selten ein Oberhaupt der Kirche vor ihm. Bisher waren kritische Töne von Päpsten eher selten zu hören, schon gar nicht die eigene Organisation betreffend. Er predigt, was er für richtig hält, selbst wenn er damit manche vor den Kopf stößt, und in dem Bewusstsein, dass nicht alle in seiner Kirche bereit dafür sind. Er wartet nicht darauf, bis alle bereit sind und sich die internen Strukturen oder äußeren Bedingungen ändern. Nein. Er hat sofort damit begonnen, die Regeln des Protokolls voller Liebe und Hingabe anders zu leben und seine Haltung authentisch vorzuleben. Damit begeistert er viele Menschen, auch Nichtchristen, auch mich, obwohl ich vor langer Zeit aus der Kirche ausgetreten bin. Er lebt uns ermutigend vor, dass unangepasstes Verhalten zu Erneuerung führen kann und dass jetzt der richtige Zeitpunkt ist. Wenn wir warten, bis die Bedingungen außen so weit sind und erst dann neue Wege beschreiten, können wir lange warten. Es gibt keinen richtigen Zeitpunkt. Das Jetzt ist immer der richtige Zeitpunkt. Wenn nicht jetzt, wann dann? Schieben Sie nichts auf, was Sie schon lange tun wollen und seien Sie so, wie Sie es schon lange wollen. Das können ganz kleine Dinge sein, wie spontan verreisen, eine Nacht lang fernsehen, mit der neuen Kollegin Mittag essen gehen, abends alleine ausgehen, einen Freundinnentag einlegen. Wenn es uns gelänge, das Leben vom Ende her zu betrachten, würden wir viel weniger aufschieben. Das Leben ist keine Generalprobe, es ist die Premiere und gleichzeitig die Dernière: Es gibt nur diese eine Aufführung.

BEDINGUNGSLOSE AKZEPTANZ

Bevor Sie mit der Lebenslusthaltung starten können, ist eines noch wichtig. Die Haltung der bedingungslosen Akzeptanz erleichtert es uns, die Dinge und Menschen – ohne eigene Erwartungen – anzunehmen, wie sie sind. Schlechte Nachrichten erscheinen uns auf den ersten Blick bedrohlich und unangenehm. Rückblickend ordnen wir die Geschehnisse vielfach anders ein, häufig positiver. Führen Sie sich das immer wieder vor Augen. Heute mag es sich so zeigen, doch in ein, zwei Tagen, Wochen, Monaten sieht alles anders aus. Wir blicken aus der Distanz heraus anders auf die Dinge.

Die bedingungslose Akzeptanz ermöglicht eine buddhaähnliche Haltung der Gelassenheit zu den aktuellen Gefühlen und Ereignissen selbst dann, wenn sie uns zunächst missfallen, unsere Pläne durchkreuzen und uns vermeintlich keine guten Zukunftsaussichten bescheren. Etwas bedingungslos akzeptieren gelingt meist dann gut, wenn wir es schaffen, die Ereignisse tolerant hinzunehmen, ohne sie danach zu beurteilen, ob sie gut oder schlecht sind. Akzeptieren, was ist und wie es ist, ist eine Form der bedingungslosen Liebe. Wir hören auf, uns und andere zu bewerten. So können wir die Aufreger-Energie sparen und dem Ereignis schneller unsere Zuneigung schenken. Diese Haltung fördert unser Vertrauen in das Leben und darin, dass für uns gesorgt wird. Alles wird gut.

Lebenslust-Tipps und Rituale für jeden Typ und jeden Tag

Sich selbst jeden Tag verführen, sich selbst etwas erlauben, sich immer wieder so frei wie möglich entfalten dürfen – das ist Lebenslust für die Seele. Die Freude an sich selbst, die Begeisterung für das eigene Dasein hält uns munter und die Seele gesund.

Lebenslust ist das wichtigste Medikament für unsere Heilung auf allen Ebenen. Mit Lachen, Leichtigkeit, Unbeschwertheit, Vertrauen gelingt uns alles. Mal etwas ohne Absicht tun, ohne Ziel, ohne Selbstoptimierung, ohne Perfektionismus, einfach so, weil es gerade schön ist, weil es Ihnen guttut, weil es lustig ist. Dazu gehört auch, etwas zu tun, was nicht politisch oder moralisch korrekt ist. Nicht immer daran denken müssen, ob es meinem Körper schadet, der Umwelt schadet, nicht bio oder ethisch einwandfrei ist. Ausgelassen sein bedeutet auch „losleben". Bei Regen ins Wasser springen, mal Fastfood essen, auch wenn einem danach schlecht ist. Mit der Freundin im Café sitzen, Latte Macchiato trinken und rauchen, auch wenn Rauchen ungesund ist. Die Hauptsache ist, dass Sie in diesem einen Moment das Leben genießen und sich freuen. Ins Hier und Jetzt zurückkehren und nicht permanent an morgen und an die Folgen denken.

Zum In-die-Lebenslust-kommen gehört das Loslassen: das Los, das wir in diesem Moment des Lebens gezogen haben lassen, im Sinne von annehmen. Annehmen und Loslassen ist oftmals nicht ganz einfach, doch wenn wir es nicht tun, häufen wir Unmut, schlechte Stimmungen, negative Gefühle, Sorgen, Gedankenspiralen, Misstrauen, Neid und Missgunst und vieles mehr an. Diese Gefühle schaden uns auf Dauer.

Unsere psycho-soziale Gesundheit hängt auch davon ab, womit wir uns umgeben und beschäftigen. Was wir in unser Inneres hereinlassen und wovor wir uns weitestgehend schützen. Nehmen Sie so viel wie nötig an und lassen Sie so viel wie möglich los. Verabschieden Sie sich von Ihren eigenen Ansprüchen und den hohen Erwartungen an das Leben und sich selbst. Nehmen Sie sich an, wie Sie sind, und nicht, wie Sie in den Augen der anderen sein sollten. Tun Sie das, was für Sie stimmt und tun Sie es nicht, weil man es tut.

Gesellschaftliche Konventionen, diktierte Verhaltensregeln und das berühmte schlechte Gewissen können uns jeden Tag einengen und unsere Lebensfreude behindern oder sogar ganz nehmen. Sich dies immer wieder mal bewusst zu machen und das Denken, Verhalten und unser Auftreten zu hinterfragen, dazu dienen die folgenden Lebenslust-Strategien. Mögen sie Sie inspirieren und Sie ins Gestalten und Erfinden Ihrer Lebenslusthaltung bringen, so dass Sie gesund werden und bleiben.

LEBENSLUST FÜR ALLE, DIE STÄNDIG AUF TRAB SIND

*„Im Sommer mit nackten Füßen in Flip-Flops
rumlaufen, ist für mich Lebenslust"*

(Kinder- und Jugendlichenpsychotherapeutin, 60 Jahre)

Sind Sie ständig unterwegs, denken Sie ständig nach, springen Sie von einem Ort zum anderen und von einer Sache zur nächsten? Sind Sie ein Organisationsfanatiker?

Ständig auf Trab zu sein passt zwar in unser Bild von einem aktiven, gesunden, erfolgreichen Menschen in unserer Zeit. Doch das tut unserem psychischen Wohlbefinden nicht gut. Manchmal habe ich den Eindruck, wir laufen kollektiv vor etwas davon. Bei meinem letzten Italienischkurs in Italien gingen meine Freundin und ich jeden Tag um 11.18 Uhr zurück aus dem Café in den Unterrichtsraum, um pünktlich um 11.20 Uhr da zu sein. Zwei Russinnen aus meinem Kurs sagten eines Tages zu uns: „Ihr armen Deutschen müsst immer pünktlich sein." Ich schaute verdutzt, doch sie hatten ja recht.

Immer alles genau geplant, alles im Griff, stets vorbereitet und immer unter Strom, ob alles glatt läuft. Ständig auf Trab sind auch Menschen, die permanent an die Optimierung ihres eigenen Vorteils denken. Es gibt Zeitgenossen, die selbst auf der Familienfeier überlegen, mit wem sie ein Gespräch führen könnten, um für das eigene Business zu profitieren. Auch das ist ständig Auf-Trab-sein. Gedanklich getrieben von Erfolgsdruck und Kosten-Nutzen-Denken. Das kann ab und zu notwendig und gut sein, doch es birgt die Gefahr, eines Tages keine anderen Lebensinhalte mehr zu haben als das wirtschaftliche Denken in allen Nischen des Daseins. Heraustreten aus dem Hamsterrad, runterspringen von der Drehscheibe: Das wünsche ich Ihnen, das ist heilsam und Sie gewinnen dadurch neue Lebenslust.

Nur wenn ich alte Verhaltensweisen mal ablege, kann ich anhalten und erkennen, was sich mir Neues zeigen will. Mit dem Auf-Trab-sein ist es genauso. Nur wer vom Trab in den Schritt oder in den Stillstand kommt, kann sich und die anderen wahrnehmen, vielleicht die Richtung korrigieren und einfach mal ausruhen. Hier einige Tipps, wie es gelingt, die Trabrennbahn zu verlassen.

Abschalten – wie geht das überhaupt?

Dafür müssen wir gar nichts tun: Wie wir unseren Fernseher abschalten und dann Ruhe und Stille einkehren, so funktioniert es auch bei uns. Abschalten heißt, wirklich sich hinsetzen, hinlegen, nichts hören, sprechen, sehen. Telefone auf Flugmodus schalten. Augen schließen, nichts mehr tun, die Gedanken nicht bewerten und vorbeiziehen lassen wie Wolken am Himmel. Alle Gedanken annehmen, wie sie kommen und gehen, loslassen, nicht anhaften, wie die Buddhisten sagen würden. Körper und Geist so lange herunterfahren bis Sie sich selbst wieder wahrnehmen und ein Gefühl der Entspannung eintritt. So kann auch Ihre Seele in die Entspannung kommen.

Kennen Sie die Geschichte von dem Indianer an einer Bushaltestelle?

Ein Indianer steht an einer Bushaltestelle. Als ein Bus vorbeikommt, fragt der Fahrer, ob er mitfahren wolle. Daraufhin antwortet der Indianer: „Ich gehe lieber zu Fuß, damit meine Seele auch mitkommt." So ergeht es unserer Seele im Alltag sehr häufig. Alles läuft irgendwie zu schnell ab, wir sind ständig in Eile, die Welt um uns dreht sich pausenlos, permanent wird etwas geboten. Abschalten heißt, erst mal herunterschalten. Wie beim Auto. Erst in den ersten Gang herunterschalten, dann den Motor abstellen.

In meinen Seminaren fragen mich häufig Menschen, wie sie besser abschalten können. Von 100 auf 0 funktioniert eben nicht bei jedem. Und auch wenn es vielen nicht gefallen wird, das zu hören: Sich am Abend einfach nur vor den Fernseher legen, das ist nicht abschalten. Damit öffnen wir unser Hirn und unsere Seele nur für weitere Informationen und Bilderfluten. Gehen Sie besser mit dem Hund raus, machen Sie ein kurzes Nickerchen, kochen Sie mit Muße, treiben Sie Sport oder machen Sie Entspannungsübungen zum Runterkommen. Viele Menschen werden an den ersten Tagen im Urlaub krank, oftmals einfach deshalb, weil der Wechsel aus dem Alltagsstress in die Ruhe für den Körper und die Seele wie eine Vollbremsung war.

Bewusst runterzuschalten heißt, weniger machen, langsamer werden, sich mehr und mehr auf sich selbst besinnen. Wahrnehmen, spüren und bewusst weniger tun. Aus der Aktivität immer mehr in die Ruhephase, in die Passivität kommen.

Rituale können dabei helfen. Ich gehe zum Beispiel seit Jahren Freitagmittag mit Freundinnen in ein Restaurant zum Essen, um die Woche zu beenden. Wir erzählen uns dann, was war, was ansteht, wie alles gelaufen ist, welche Highlights es gab. Diese Gespräche sind eine Art Übergangsritual zum Runterkommen und der Auftakt in die Freude auf das Wochenende und das Loslassen der Wochengeschehnisse.

Auch abends vor dem Einschlafen sind Übergangsrituale hilfreich zum Runterkommen und Abschalten für den erholsamen Schlaf. Jeden Tag, jede Woche, nach Projekten, die wir über einen längeren Zeitraum bearbeitet haben, nach schwierigen Gesprächen oder Krisensituationen und Konflikten helfen uns Rituale dabei, herunterzuschalten, um dann abschalten zu können.

Die Pausetaste drücken

Das kann man überall zwischendurch tun: im Büro, auf Reisen, bei Geschäftsessen oder privaten Einladungen. Auch wenn es nur für Minuten, Sekunden und Momente möglich ist. Probieren Sie es aus: Halten Sie an, stellen Sie sich hin und stellen Sie sich vor, Sie drücken jetzt die Pausetaste. Atmen Sie tief ein und aus und nehmen Sie kurz Ihren Körper wahr. Halten Sie inne, sagen Sie innerlich Stopp und nehmen Sie achtsam wahr, was gerade ist: Wo bin ich? Was mache ich gerade? Wo will ich hin? Wofür mache ich es?

Die Pausetaste hilft, sich zu orientieren und auf das zu fokussieren, was ich jetzt tun möchte, was ich heute vorhabe, diese Woche oder überhaupt. Die Pausetaste zu drücken hilft auch, einfach mal in den Bauch einzuatmen und den Körper mit genügend Sauerstoff zu versorgen. Ich nenne es auch die kürzeste Meditation der Welt.

Langsam wie eine Schnecke werden

Schnell hierhin springen, kurz da was besorgen und auf den letzten Drücker einen Termin reinschieben, so verrinnen die Tage. Prall gefüllt und doch bleibt kein innerer Reichtum hängen. Die Seele kommt nicht mehr mit. Die Schnecke taugt gut als Lehrmeisterin. Wir können wie sie eine Schneckenstunde oder einen Schneckentag einlegen, an dem die Langsamkeit die Geschwindigkeit bestimmt. So langsam wie möglich, den Druck rausnehmen, die Fahrt verlangsamen und versuchen, zum Stillstand zu kommen. Die Schnecke hat ihr Haus immer dabei. Sie kann sich also immer darin erholen, ausruhen und neue Kraft schöpfen. Wir haben unsere Seele auch immer dabei, nur vergessen wir das allzu oft. Wir können uns in unsere innere Welt zurückziehen und Erholung finden. Eine Reise zum inneren Ort kann entspannend sein.

LEBENSLUST-ÜBUNG:

WOHLFÜHLORT

Machen Sie es sich bequem, schließen Sie die Augen und stellen Sie sich einen Ort vor, an dem Sie sich rundum wohlfühlen. Das kann ein Urlaubsort sein, ein Platz in Ihrer Wohnung, ein Ort in Ihrer Stadt oder ein Phantasie-Ort, den es real gar nicht gibt. Richten Sie es sich dort bequem ein. Phantasieren Sie liebe Menschen um sich herum, wenn Sie nicht allein bleiben möchten. Schmücken Sie den Ort aus mit Elementen aus der Natur, mit Tieren, mit Düften, mit Gegenständen, die Sie gerne um sich haben. Genießen Sie die Entspannung, die Ihnen dieser Ort, an dem Sie sich absolut sicher und wohlfühlen, schenkt. Atmen Sie tief ein und aus und nehmen Sie die Wohlfühlatmosphäre wahr. Speichern Sie das Gefühl in Ihrem Herzen und das Bild des Ortes in Ihren Gedanken ab. Ihren Wohlfühlort können Sie nun jederzeit innerlich besuchen, wenn Ihnen danach ist, wenn Sie eine entspannte Pause benötigen oder wenn Sie Trost suchen. Sie haben Ihren Wohlfühlort ab sofort immer bei sich.

Es gibt nichts zu tun für dich

So lautet ein Satz in einer Entspannungsreise, die ich mir vor dem Einschlafen anhöre. Nichtstun, geht das überhaupt? Ich probiere es immer wieder. Manchmal nehme ich mir am Wochenende vor, nichts zu tun, mache keine Termine aus und warte ab, worauf ich Lust bekomme. Ich merke schnell, nichts zu tun in dieser Welt kann einem Angst machen. Die Gedanken und Antreiber im Kopf machen einfach weiter. Hin- und hergerissen zwischen der Gedankenspirale im Kopf und dem Bauchgefühl, Ruhe haben zu wollen, dauert es eine Weile bis ich in das Nichtstun hineingleiten kann. Der Übergang vom Hamsterrad zum Nichtstun will ausgehalten und gestaltet werden. Da taucht kurzzeitig sogar schlechte Laune auf. Wenn Sie es ausprobieren möchten, nehmen Sie kein Buch mit ins Café oder mit ins Wochenende. Schalten Sie das Handy auf lautlos und den Fernseher an so einem Wochenende gar nicht erst an. Legen Sie sich auf eine Wiese, an den Strand oder ans Wasser und schauen Sie in den Himmel. So gewinnen Sie Zeit für das Nichtstun. Nach so einer Faulenzerei kommen neue Ideen und frische Lebensenergie macht sich bemerkbar. Ab und zu gibt es nichts zu tun.

Ab in die Hängematte

Wann haben Sie zum letzten Mal in einer Hängematte gelegen? Erinnern Sie sich noch daran, wie es sich anfühlt, sanft hin- und herzuschaukeln, eingehüllt vom weichen Stoff? So lässt sich die Welt um einen herum leicht vergessen. In einer Hängematte gibt es keinen Druck, keine Gefahr, keinen Stress. Imaginieren Sie sich in die Hängematte und genießen Sie das leichte Schaukeln. Es genügt, einfach nur da zu sein. Und wem es besonders gut in der Hängematte gefällt – ob real oder in der Phantasie –, der darf bleiben bis es langweilig wird. So lange hängen bleiben bis Ihnen langweilig wird, ist das nicht ein wunderbarer Luxus? Abhängen bis Sie Ihre Impulse spüren und wonach Ihnen zumute ist.

Hilfreich ist es, wenn Sie in der Hängematte nicht mit Ohrstöpseln, Ipod oder Tablet, Zeitschriften oder Büchern liegen. Denn dann sind Ihre Kanäle mit äußerem Input beschäftigt. Man kann sich in der Hängematte an alle Orte phantasieren. Sie können an einem Ihrer Lieblingsorte bei strahlendem Sonnenschein im Schatten eines Baumes umgeben von wunderbar duftenden Pflanzen abhängen. Sie hören sanfte Geräusche aus der Natur und spüren eine warme Luft auf der Haut. Sie sind entspannt und genießen es, einfach nur abzuhängen.

Die Hängematte können Sie immer dann visualisieren, wenn Sie Distanz zum Alltag benötigen, wenn Sie das Gefühl haben, alles ist zu viel und Sie nehmen sich und Ihre Bedürfnisse nicht genügend wahr. Wem das Bild der Hängematte nicht gefällt, der kann sich auch auf ein Segelboot im See beamen, auf ein Motorboot im Meer oder ein Kanu im Fluss. In Gedanken können wir unseren Alltag, den Druck und die Enge verlassen und uns überall hin phantasieren, wenn wir uns nach Entspannung, Entschleunigung und geistiger Entleerung sehnen. Bis der Platz geschaffen ist, um wieder in die

Gestaltungslust zu kommen. Wenn der Raum (wieder) frei ist, kommt die Lebenslust von ganz alleine zurück.

LEBENSLUST FÜR DIE, DIE IMMER FÜR ANDERE DA SIND

„Lebenslust ist eine innere Zufriedenheit, ein positives inneres Gefühl zu haben – selbst bei Tiefen und in Verzweiflung."

(Erzieherin, 31 Jahre)

Für andere da zu sein, gilt als Tugend und Freundschaftsbeweis. Doch oftmals gewinne ich den Eindruck, es geht nicht um die anderen, sondern darum, gemocht und anerkannt zu werden. Viele treiben es damit bis zur Selbstaufopferung. Sie glauben, sie werden nur geliebt, wenn sie auch zur dritten Familienfeier im Monat selbst gebackenen Kuchen mitbringen. Wenn es nur beim Kuchen bliebe, es geht um Umzüge, Menschen zum Flughafen fahren und wieder abholen. Für die erwachsenen Kinder kochen, waschen und bügeln, um die liebe Mama und der liebe Papa zu bleiben. Und vieles mehr.

Wenn jemand wirklich Ihre Hilfe und Unterstützung benötigt oder es sich sogar um einen Notfall handelt, ist es klar, dass Sie helfen sollten. Aber bleiben wir auch selbstkritisch: Drängen wir uns nicht oft geradezu auf mit dem Bestreben, für andere da zu sein? Genügt es denn nicht, einfach zur Party zu kommen und einen Kuchen vom Bäcker mitzubringen? Wie viel ist unser Dasein eigentlich wert, wenn wir nichts mitbringen, außer uns selbst?

Sollten Sie sich solche Fragen stellen oder diese Zeilen unangenehme Gefühle auslösen, dann könnte es ratsam sein, diese Haltung zu hinterfragen. Was haben Sie selbst davon, wenn Sie für andere da sind? Geht es wirklich um die anderen? Die meisten Töchter und Söhne wären froh, wenn die Eltern nicht mehr ständig da wären, sondern das ständige Kümmern sein lassen würden. Das kann dazu führen, dass wir andere von uns abhängig machen. Sie können nicht um Unterstützung bitten, wenn Sie stets schneller sind und präventiv fragen: Wo kann ich helfen, was soll ich mitbringen, soll ich dich begleiten, irgendwo hinfahren und wieder abholen?

Sie sind liebenswert, selbst wenn Sie nicht proaktiv für andere da sind. Ist Ihnen schon mal in den Sinn gekommen, dass Ihr Verhalten aufdringlich wirken kann? Jammern Sie manchmal, dass Ihnen alles zu viel wird, weil Sie ständig für andere da sind? Sagen Sie Dinge zu, die Sie nicht entspannt schaffen können oder gar nicht tun wollen? Kommen Sie aus diesen Gründen zu spät zu einer Verabredung? Fragen Sie sich ehrlich: Sind Sie für andere da wegen der anderen oder wegen der Anerkennung und Bewunderung, die Sie bekommen? Sind solche oder ähnliche Motive der Grund für Ihre Emsigkeit und Ihre Anstrengungen für andere da zu sein? Nehmen Sie einen Mangel an Lebenslust bei sich selbst wahr? Dann probieren Sie das nachfolgende Post-it-Ritual und eine der folgenden Haltungen aus.

Lassen Sie es – dann klappt das Loslassen besser

Loslassen ist ein strapazierter Begriff und lange dachte ich, Loslassen sei etwas Kompliziertes, vor allem wenn man es im Zusammenhang mit der Seele sieht. Dabei ist Loslassen nur dies: etwas nicht mehr zu tun und aufzuhören zu tun, was mir schadet. Zum Beispiel aufhören, sich ständig um andere zu kümmern, statt sich um sich selbst zu sorgen. Oder immer wieder über Dinge zu sprechen, die uns nerven. Wir holen das Thema und die Energie dazu immer wieder aus der Schublade und wundern uns dann, warum es uns weiter beschäftigt.

Loslassen heißt, die Dinge sein lassen. Viele sprechen oft schnell dahin „Ich muss dies oder jenes loslassen". Da denke ich immer „Ja, dann mach es aber auch – lass es auch. Punkt." Freundinnen und Freunden sage ich das dann auch.

Oftmals zögern wir loszulassen, weil wir etwas davon haben, wenn Dinge einfach so weiterlaufen, auch wenn sie uns angeblich nicht gefallen oder nicht guttun. Wir scheuen möglicherweise die Veränderung mehr, als einen unliebsamen Zustand zu beenden. Da hilft nur ausprobieren: Lassen Sie das, was Ihnen nicht guttut.

LEBENSLUST-ÜBUNG:

POST-IT-RITUAL

Sie können mit dem Post-it-Ritual dem Loslassen auf die Sprünge helfen: Nehmen Sie einen Post-it-Block und schreiben Sie auf, was Sie aufhören, was Sie sein lassen und loslassen möchten. Pro Zettelchen bitte eine Sache notieren. Gehen Sie damit zu einem Fluss oder auf eine Brücke. Führen Sie sich dort vor Augen, was die jeweiligen Dinge in Ihnen auslösen, entscheiden Sie sich jetzt dafür, dies zu ändern und werfen Sie ein Post-it nach dem anderen mit den Worten „Ich lasse los" ins Wasser. Viel Erfolg beim Entrümpeln Ihrer Seele!

Empathie mit gesunder Distanz

Zuhören, für andere da sein und mitfühlen sind tolle Eigenschaften. Empathisch zu sein ist etwas Wunderbares. Wie angenommen fühlt man sich, wenn man merkt, da fühlt jemand mit, freut sich oder sorgt sich mit einem. Wenn Sie jedoch für andere da sind und spüren, dass es Ihnen zu viel wird, weil Sie sich selbst mittlerweile belastet und schwermütig fühlen, dann ist es Zeit für eine gesunde Distanz. Nicht nur dann, wenn man aktiv für andere da ist, kann Mitgefühl anstrengend werden. Allein das Anhören der Geschichten der anderen kann ermüden, sogar körperlich. Vor allem, wenn Geschichten von irgendwelchen Leuten erzählt werden, die Sie gar nicht interessieren. Oder wenn es um Ereignisse geht, die Sie aus früheren Erzählungen kennen, bei denen die Person bisher nicht bereit war, etwas zu verändern.

Wenn uns Negatives wie in einer Endlosschleife permanent umgibt und wir es oft hören und sehen, beginnen wir es zu fühlen. Die sogenannten Spiegelneuronen lassen uns Schmerz mitfühlen, Ängste mitbefürchten, Sorgen mittragen. So geraten wir selbst in die Ohnmachtsgefühle der anderen hinein. Obwohl es uns nicht direkt betrifft. Wir tragen es mit und das kann uns unsere Energie und unsere Lebenslust rauben.

Kennen Sie die Situation, dass Sie während eines solchen Gesprächs schon ahnen, worauf es hinausläuft? Sie wissen bereits, dass Sie sich hinterher schwer fühlen werden, weil Sie die Geschichte nicht aus dem Kopf bekommen werden. Oft geraten wir in Sekundenschnelle in unangenehme Schilderungen und merken erst nach einigen Minuten, dass allein das Zuhören jetzt richtig anstrengend ist. In solchen Situationen, wo wir nichts für andere tun, sondern nur zuhören können und vielleicht auch schon oft zugehört haben, ist es ratsam, Empathie mit gesunder Distanz zu zeigen. Um nicht selbst die Gefühle und Stimmungen der anderen ungefiltert zu übernehmen, achten Sie darauf, dass die Verantwortung bei dem anderen bleibt. Dort gehört sie hin.

Jede und jeder Erwachsene ist für sich selbst verantwortlich. Für sein Denken und Handeln. Sie können mitfühlend zuhören, doch Sie müssen nichts für andere übernehmen oder für sie tun. Die Grenzen des Mitgefühls beginnen dort, wo Ihre Grenzen erreicht sind. An dem Punkt, wo Sie wahrnehmen, jetzt beeinflusst das Gehörte meine eigene Stimmungslage länger als das Gespräch dauern wird.

Sagen Sie, wenn eine solche Situation für Sie grenzwertig wird, zu sich selbst „Ich lege es in deine Hände". Dieser Satz verschafft eine innere Distanz und Sie geben die Verantwortung (wieder) an Ihr Gegenüber zurück. Das kann durchaus mit einem liebevollen Mitgefühl geschehen. Sie können sich den Satz auch nach dem Gespräch innerlich sagen und so Ihre Distanz wiedergewinnen. Selbst das Universum schalte ich zuweilen ein und sage „Ich gebe diese Aufgabe nach oben ab". Möchten Sie dennoch etwas für die andere Person tun, senden Sie ihr in Gedanken Licht und Liebe.

Indem Sie das eigene Muster des Helfersyndroms loslassen und eine gesunde Distanz herstellen, schützen Sie sich selbst, aber auch die andere Person davor, dass diese abhängig von Ihrer Empathie wird. Ordnung und Klarheit hilft nicht nur Ihnen, sondern auch der anderen Person. Empathie mit gesunder Distanz fördert die Selbstverantwortung. Eigene aktive Psychohygiene heißt, die Sachen dort zu lassen, wo sie hingehören. Das stärkt Ihre eigene Klarheit und Lebenslust.

Energieräubern und -räuberinnen gelassen begegnen

Menschen, die die ganze Zeit jammern und sich beklagen, begegnet man häufig. Schlechte Nachrichten erhält man jeden Tag überall, sie werden einem zugetragen, ohne dass wir überhaupt eine Zeitung aufschlagen, auf das Smartphone schauen oder den Fernseher anschalten. Die Informationsmenge und die Geschwindigkeit, in der neue Nachrichten entstehen, nehmen rasant zu, besonders bei schlechten Nachrichten. Das Gute, das Gelingende, das Wertvolle findet weniger Beachtung.

So werden wir häufig Energieräubern ausgesetzt. Ich merke oft erst im Nachhinein, wie anstrengend ein Gespräch oder eine Begegnung gerade war und wie viel Energie es mich gekostet hat, nickend, lächelnd und zugewandt den negativen Ergüssen zuzuhören. Dann beschließe ich wieder einmal, mich zukünftig besser zu schützen, indem ich das Gespräch auf etwas Positives lenke, die Begegnung beende oder es direkt anspreche. Letzteres allerdings sollte gut überlegt sein, denn die Reflexionsbereitschaft und -fähigkeit mancher Mitmenschen ist begrenzt. Man wird nicht unbedingt dafür geliebt, wenn man offen und ehrlich ein Feedback gibt. Bei der Spezies der Jammerlappen und Bedenkenträger noch viel weniger. Fest steht für mich jedoch: Ich lasse mir meine Lebensfreude nicht von Energieräubern und -räuberinnen (um ein realistisches Bild zu beschreiben, führe ich hier ausdrücklich auch die weibliche Form auf) stehlen.

Wollen Sie Ihre Lebenslust ebenfalls bewahren und vermehren, fragen Sie sich, wer oder was steigert meine Lebenslust? Wer oder was raubt meine Lebensfreude? Sie haben die Wahl, mindestens in Ihrem privaten Alltag. Sollten Sie jetzt einwenden, ja aber: Ich kann so schlecht Nein sagen, dann können Sie gleich zu dem Kapitel Freundlich Nein sagen für alle, die immer Ja sagen springen und weiterlesen.

Resilient werden

Die Widerstandskraft gegen negative Einflüsse von außen zu erhöhen, ist sehr wirkungsvoll, wenn es darum geht, die Lebenslust zu mehren. Stellen Sie sich vor, Sie hätten einen Topf mit Widerstandskraft. Und sobald sie bemerken, da will jemand an Ihre Energie und Sie mit schlechten Gedanken und Worten belasten oder belästigen, nehmen Sie in Ihrer Vorstellung aus dem Topf einen Löffel Widerstandskraft: Wie eine Art Schutzschicht durchdringt der Resilienzsaft von innen nach außen Ihre Aura und Ausstrahlung. Der Schutzfilm umgibt Ihren Körper in der Weise, dass schlechte Nachrichten, furchtbare Bilder, Gejammer, Energie raubendes Geplapper und all die anderen Dinge, die nicht zu Ihnen gehören, Ihnen nichts anhaben können. Es perlt einfach ab!

Resilient werden meint im ursprünglichen Sinne, sich wappnen können gegen die Bedingungen in der Umwelt, die sich zum Schlechteren verändern und auf einen selbst einwirken. Menschen, die immer für andere da sind, können Resilienzkräfte aufbauen, so dass es ihnen besser gelingt, die eigenen Kräfte zu schonen und nicht weiter in überzogener Weise an den Lösungen der Probleme der anderen mitzuarbeiten.

N' Scheiß muss i – wie man in Bayern sagt

Das sagt man in Bayern, wenn man keine Lust hat, etwas zu tun. Das kann eine ganz gesunde Haltung sein. Damit Sie Ihre Lebensenergie dabei gut spüren, sagen Sie es am besten mit einer leichten Widerstandskraft, so dass Sie das Gefühl – etwas nicht zu tun – richtig befriedigt.

Wir tun so vieles nur, weil es von uns erwartet wird und weil man es eben so macht. Sich ab und zu verweigern kann unsere Lebenskraft stärken. Denn damit entwickeln wir Selbstbewusstsein, innere Stärke und auch die Unabhängigkeit von der Anerkennung anderer.

Für uns selbst und unsere Bedürfnisse einzustehen, sie zu vertreten und auch danach zu handeln, bedeutet, sich selbst treu zu sein, sich zu entfalten und authentisch zu werden. Dazu ist es manchmal auch notwendig, sich einfach zu verweigern, und zwar mit voller Überzeugung, egal was andere dazu sagen. N' Scheiß muss i. Viel Spaß mit diesem Motto.

Jetzt sind Sie an der Reihe

Nach all dem Loslassen, resilient werden, sich distanzieren und in Gelassenheit üben, ist Ihre Zeit gekommen. Nennen Sie es, wie Sie wollen: Auszeit, Eigenzeit, Wohlfühlzeit, Zeit für mich, Freizeit, Kosmetiktermin, Friseurbesuch, Freunde treffen, Fußballspiel, Shopping, Gartenpflege, Auto waschen und so weiter. Suchen Sie sich Dinge, die Sie absolut begeistern und die im Moment zu Ihrer Stimmung passen. Jetzt sind Sie an der Reihe: Ihre Bedürfnisse stehen an erster Stelle. Heute ist Ihr Bestimmertag und Sie stehen im Mittelpunkt. Frönen Sie Ihren Begeisterungen und Leidenschaften.

Falls Sie noch nicht das Richtige gefunden haben, probieren Sie einfach weiter herum. Irgendwann ist das Richtige für Sie dabei und Sie finden Ihre Passion. Leben Sie sie aus. Und sollten Sie dann wieder einmal verführt sein, viel zu oft für andere da zu sein, erinnern Sie sich an die tolle Zeit und die Erfahrungen. Vielleicht möchten Sie Ihre Zeit dann viel lieber mit sich selbst verbringen?

Übrigens: die Lebenslust-Dinge und Begeisterungs-Details dürfen sich ändern. Laut der Erkenntnisse der Neurobiologie sollten sie das sogar, damit wir neue Erfahrungen machen und frische Vernetzungen im Gehirn gedeihen können.

LEBENSLUST FÜR PERFEKTIONISTINNEN, OPTIMIERER UND KONTROLLFREAKS

*„Tage ohne Plan sind Lebenslust.
Annehmen was kommt, auch spontane Ereignisse
und dabei die Tiefe des Moments spüren."*

(Lehrerin, 48 Jahre)

Den Zustand des Perfekten gibt es nicht. Das wissen Sie längst. Und dennoch fällt es Ihnen schwer, fünfe gerade sein zu lassen und sich mit dem Unfertigen zufriedenzugeben? Bescheren Ihnen unperfekte Lösungen Unbehagen? Hinter dem inneren Antreibersatz „du musst perfekt sein" steht die Befürchtung, als Person uninteressant und nicht liebenswert zu sein. Der Wunsch nach Anerkennung und Wertschätzung ist groß. Es ist eine ziemlich langwierige Arbeit, dem eigenen Streben nach Perfektion und Kontrolle Haltungen wie Lockerheit und Gelassenheit entgegenzusetzen. Unverzichtbar wird diese Arbeit an sich selbst, wenn der Druck zunimmt, innerlich belastet und sich körperliche Warnsignale zeigen. Werden die hohen Ansprüche auf die Umwelt projiziert, also vom Ehepartner, der Lebensgefährtin, von Familie, Freunden, Kolleginnen und Kollegen ebenso perfekte Ergebnisse und Verhaltensweisen erwartet, kann das Konfliktpotential zu einem weiteren Belastungsfaktor werden.

Auf der anderen Seite haben Menschen mit perfektionistischen Ansprüchen sehr wertvolle Ressourcen. Sie sind sehr genau und präzise. Sie sehen den schwarzen Fussel auf dem schwarzen Stoff. Sie sind Vorbild, weil uns vermeintlich perfekte Menschen faszinieren und wir alle Idealbilder von uns selbst haben und danach streben. Gründlichkeit und die mustergültige Erfüllung der an sie gestellten Aufgaben ist ihnen sehr wichtig. Sie als Mitarbeitende und Kollegen zu haben ist erfreulich, denn ihre Motivation ist hoch und die Ergebnisse sind sehr gut.

Wenn der Druck allerdings für Perfektionistinnen und Perfektionisten zu groß wird und das Leistungsstreben zu viel Raum und Zeit in Anspruch nimmt, ist Vorsicht und Achtsamkeit geboten. Fragen Sie sich, mit wie viel Aufwand erreiche ich was? Steht der Aufwand in einer gesunden Relation zum Ergebnis? Können Sie Rechtschreibfehler in einer Präsentation tolerieren, wenn Sie wissen, dass die Suche nach ihnen unverhältnismäßig viel Zeit in Anspruch nimmt? Ihre Zuhörerinnen und Zuhörer freuen sich diebisch, wenn sie ausgerechnet bei Ihnen einen Fehler entdecken. Zumindest ist es mir so ergangen, als meine Studierenden in einer Lehrveranstaltung einige Fehler in meiner Präsentation fanden. Nach anfänglicher Scham entwickelte sich eine regelrechte Suche nach Fehlern und gepaart mit Humor wurde es eine lustige Vorlesung.

Wie viel Humor haben Sie, um über einen Fehler zu lachen und spielerisch darüber hinwegzusehen? Bei sich selbst und bei anderen? Meist sind genau diese kleinen weichen Seiten das Liebevolle, Spannende an Persönlichkeiten. Über diese vermeintlichen Schwächen kommt man sehr gut miteinander in Kontakt. Nehmen Sie die Stärken Ihres hohen Anspruchs als Geschenk an und gestehen Sie sich Fehler zu, lachen Sie darüber und über sich selbst. Nehmen Sie wahr, wie Sie sich fühlen, wenn es mit dem Perfektionismus und den perfekten Plänen nicht jeden Tag klappt. Sie werden sehen, wie lustig und leicht das Arbeits- und Privatleben dann werden kann. Vielleicht kommt das ein oder andere Mal unvorhergesehen die Lebenslust vorbei. Ihre Mitmenschen mögen Sie für Ihre kleinen Schwächen und winzigen Schönheitsfehler. So unperfekt wie möglich, wäre doch eine perfekt entspannte Haltung? Was meinen Sie? Ich wünsche Ihnen jedenfalls ab und an einen leichten Kontrollverlust. Er bringt Ihnen Lebenslust. Wie Sie Ihren Antreiber „du musst perfekt sein" mehr und mehr abschwächen und in ein wohlwollendes Erlaubnis-Mantra verwandeln können, erfahren Sie unter Erlauben Sie sich alles im Kapitel Sich selbst verführen und begeistern.

Wenn du Gott lachen hören willst, mach einen Plan

Das Fundament jeder Managementtheorie sind Pläne, Konzepte, Projektskizzen, Portfolios und Organisationsmodelle. Vor einigen Jahren wurden Hausfrauen und Hausmänner zu Familienmanagern umbenannt. Damals dachte ich, das sei eine Aufwertung. Heute sehe ich das kritisch. Der Wortschatz aus der Marktwirtschaft hat in unsere private Sphäre Einzug gehalten und vernunftbestimmte Werte und Verhaltensweisen wie Effektivität, Effizienz, Qualität und Planbarkeit des Lebens konnten sich in unserer privaten, familiären Lebensführung ausbreiten. Im Optimierungszeitalter verlangt unsere persönliche Kalenderplanung eine strikte Termineinhaltung inklusive Zeitpuffer, Mittagspausen, Familienzeit als Qualitätszeit (!) sowie Feierabend- und Freizeitplanung. Familien- und Sexualtherapeutinnen empfehlen sogar Zeit zu zweit einzuplanen. Familienwunschpraxen gehen da noch mehr ins Detail.

Wundern wir uns allen Ernstes darüber, dass unsere psychischen Kräfte an Grenzen stoßen und wir uns erschöpft fühlen? Beim Schreiben dieser Zeilen erinnere ich mich an die Teilnehmenden in meinen Seminaren, Workshops und Vorträgen und an deren Druck, den sie mir schilderten und der sich hinter dieser Managementhaltung gegenüber dem Leben verbergen kann. Körperlich und geistig können wir das Plansoll meist lange Jahre gut erfüllen. Eines Tages meldet sich unsere Seele mit einem Stoppschild. Statt überrascht zu sein, sollten Sie sich ehrlich fragen, wie Sie es so lange Zeit überhaupt aushalten konnten. Wieso haben Sie nicht früher Stopp gesagt, bevor Sie ein Symptom, wie zum Beispiel Verspannungen, Rücken- oder Kopfschmerzen, Schlafstörungen, Magenprobleme oder andere körperliche Warnsignale entwickelten? Klar, wir benötigen im Familienleben, im Freundeskreis und im Job Stundenpläne, festgelegte Arbeits-, Essens-, Urlaubszeiten, verbindliche Termine und Jahresplanungen, um unser Leben zu organisieren. Doch sollte sich zukünftig irgendein Plan, den Sie sich ausgedacht und den Sie akribisch erstellt haben, in nichts auflösen, dann lachen Sie lauthals darüber. Lachen Sie mit Gott und freuen Sie sich. Wer weiß, was sich stattdessen gestaltet und plötzlich real wird. Links und rechts neben den vielen Plänen und Wegen wachsen womöglich schönere Vorhaben und Ideen. Wer den Blick in alle Richtungen umherschweifen lässt, sieht mehr als derjenige, der nur geradeaus zielt.

Unvorhergesehenes willkommen heißen

Ach ja, das habe ich im vorherigen Abschnitt vergessen: Unvorhergesehenes muss selbstverständlich ebenso eingeplant werden. Jedenfalls vermitteln das die Trainerinnen und Trainer in Projekt- und Zeitmanagementseminaren. Da dies erfahrungsgemäß nicht immer gelingt, vor allem nicht in Berufen, die mit Krisen arbeiten, und schon gar nicht in unserer Lebensplanung, da Lebensereignisse meist ungeplant durch unser Leben spazieren, bleibt uns nur die Haltung, das Unvorhergesehene willkommen zu heißen. Halten Sie kurz inne, wenn es sich ankündigt. Stellen Sie sich vor, wie Sie innerlich die Arme ausbreiten und die neue Situation umarmen. Mit diesem Gedankenspiel nehmen Sie den Druck raus, der durch die abrupte Bremsung entstanden ist. Sie schaffen Platz für den Richtungswechsel, und die Neuorientierung kann gelingen.

Fehler machen erwünscht

Heißen Sie Fehler willkommen. Sie sind nicht nur erlaubt, sondern notwendig, um zu lernen, um Neues zu entdecken und zu entwickeln. Viele Erfindungen entstanden aus Fehlern, zum Beispiel der Dieselmotor, Tesa, Penicillin, LSD und die Vaseline. Der Erfinder des beutellosen Staubsaugers, James Dyson, sagt: „Je mehr Fehler wir machen, desto besser." Denn wenn wir nur immer das reproduzieren, worauf wir die Antwort bereits kennen, entwickeln wir nichts Neues. „Versuch und Irrtum" könnte also das Motto heißen. In Unternehmen spricht man von einer Fehlerkultur. Man könnte statt des Mitarbeiters des Monats den Fehler des Monats küren.

Seien Sie also liebevoll mit sich und anderen, wenn Fehler passieren. Oftmals lachen wir doch am meisten über das, was nicht klappt.

So unperfekt wie möglich

Es hat lange gedauert, bis ich verstanden habe, was „so unperfekt wie möglich" für mich bedeutet. Auch meine Ansprüche waren sehr hoch und es dauerte lange, bis ich wahrnahm, wie anstrengend das ist und wie viel Lebensfreude mich das kostete.

„So unperfekt wie möglich" empfinde ich als sehr entlastend, weil ich selbst entscheiden kann, wie weit das Unperfekte gehen darf. Der Satz erlaubt mir, unperfekt zu sein, schmälert aber nicht meine Möglichkeiten. Wenn ich ihn mir heute sage, bedeutet er, dass ich mir erlaube, unperfekt zu sein, und zwar genau so weit, dass es möglich ist noch zu genügen.

Das ist wunderbar erleichternd und bringt viel Lebenslust, denn der Druck ist viel geringer, als wenn ich ständig 100 oder 120 Prozent erreichen muss.

Wenn „nix" geht

Für Kontrollfreaks und Optimierer kann eine andere besondere Haltung hilfreich sein: „Ja mei, dann halt net" ist im südlichen Teil Bayerns ein typischer Ausspruch, wenn etwas nicht erwartungsgemäß verläuft. „Is halt so", „passt scho" und „kann'sch nix machen" sind ebenso beliebte Reaktionen in solchen Situationen. Was als eine gewisse Ignoranz gegenüber den gemachten Plänen erscheinen mag, ist in Wahrheit eine Gelassenheit und Akzeptanz gegenüber Entwicklungen, wie sie Buddha lehren könnte.

Vor meinem inneren Auge sehe ich ein paar Herren der Schöpfung am Stammtisch sitzen und sagen „Ja mei Maderl (oder Kerl), hock di her, des is halt jetzta a so, reg' di net auf". Lustige Vorstellung, die sicher in jedem anderen Dialekt ebenso funktioniert! Sie reduziert den Puls, entspannt innerlich und macht klar, es passiert ja nichts. Sehr entlastend, wie ich finde. Ausgenommen natürlich bei echten Katastrophennachrichten. Diese Stammtisch-Gelassenheit tut in manchen Situationen richtig gut. Schafft Distanz zu den Ereignissen und schwupps, schon ist die Lage angenommen und akzeptiert. Wenn das geschafft ist, kann es weitergehen. Vielleicht geht dann doch noch was.

LEBENSLUST-ÜBUNG:

FREIHÄNDIG KOCHEN

Einen wunderbaren Tipp von dem Ayurvedakoch Alexander Linder[11] möchte ich gerne an Sie weitergeben. Nehmen Sie ein Kochbuch, suchen Sie sich ein Rezept, das Ihnen gefällt, und stellen Sie sich vor, wie das Gericht schmecken wird. Dann klappen Sie das Buch zu und kochen Sie das Gericht nach – ohne in das Buch zu schauen. Man kann Geschmack verinnerlichen und es macht sehr viel Freude, ihn nachzukochen. Außerdem ist es lustig, beim Kochen zu improvisieren, eigenen Ideen zu folgen und der Intuition zu vertrauen, anstatt getreu den Angaben im Kochbuch dem Kochprofi nachzueifern.

Unbewusst leben

Allen selbstoptimierten Aktivbürgern, Perfektionistinnen und Kontrollfreaks, die merken, Sie schießen weiterhin über das

Ziel hinaus und treffen die Lebenslustmitte nicht exakt, möchte ich eine spezielle Lebenslust-Sache ans Herz legen: unbewusst leben. Sie dürfen verlottert aus dem Haus gehen, tagelang im Schlafanzug bleiben, eine Woche die Wohnung ungeputzt lassen, das Auto vermüllen, die Kaffeetasse im Büro sehr lange ungespült lassen, sich nur von Currywurst, Pommes und Cola ernähren, schon bei einer leichten Grippe zu Hause bleiben, Schokolade und Eiscreme verputzen bis Ihnen schlecht ist, Flirten was das Zeug hält und das tun, was Sie sich schon lange wünschen, aber aus moralischen Gründen bisher ablehnen mussten. Machen Sie das, was Sie sich nie erlauben würden, Sie sich aber schon lange wünschen. Lassen Sie sich was „Gescheites" einfallen. Lebenslust ist, unbewusst losleben, ohne sich über die Folgen Gedanken zu machen. Jedes Muss muss mal weg! Bitte nehmen Sie ein Video auf und schicken es mir ;-). Um mich authentisch einzufühlen, habe ich den Abschnitt nachmittags im Bademantel getippt.

LEBENSLUST FÜR NEINSAGER, SKEPTIKER UND PESSIMISTINNEN

„Lebenslust ist, wenn ich etwas gemacht habe, mich danach entspanne und belohne, mit einem Gipfelweizen zum Beispiel, einen sicheren Job habe und gesund bin."

(Fahrzeugingenieur, 47 Jahre)

Im Allgemeinen helfen Ratschläge und gute Tipps ja zumindest ein wenig. Im Speziellen bei Ihnen, liebe Neinsager, Skeptiker und Pessimistinnen, schraube ich meine Ansprüche als Ratgeberautorin vorsichtshalber weit herunter. Ich begnüge mich damit, dass während des Lesens auf Ihrem Gesicht ein sanftes Lächeln erscheinen könnte. Sollte in Ihnen der innere Impuls aufkommen, das ein oder andere ausprobieren zu wollen, dann würde ich mich freuen.

Vorab: Ihre Haltung ist überaus wertvoll. Sie verkörpern mit Ihrer vorsichtigen Art jedenfalls die Seiten, die so mancher Alltagsrambo nicht mehr wahrnimmt: Ängste, Verunsicherung, Befürchtungen, schlechte Erfahrungen und vielleicht auch ernsthafte Bedenken. Ganzheitlichkeit ist Teil der Lebenslusthaltung. Wer die eine Seite kennt, kann die Seite der Leichtfüßigkeit und der ausgelassenen Fröhlichkeit umso mehr genießen.

Darum lade ich Sie dazu ein, die nachfolgenden Tipps zur Lebenslust zu beherzigen: Bleiben Sie bei Ihrem Tempo, reflektieren Sie Ihre Bedenken und erinnern Sie sich an die schönsten, entspanntesten und fröhlichsten Momente Ihres Lebens. Haben Sie darauf Lust? Wenn ja, dann können Sie beispielsweise auf die Straßenseite wechseln, auf der die Sonne scheint, statt eines Horrorfilms eine Komödie ansehen, bei schlechten Nachrichten umschalten und öfter mal zu sich selbst Ja sagen. Je öfter es Ihnen gelingt, die Bedenken, die Neins, die Skepsis und die negativen Vorhersagen mit Lebenslust zu überlisten, desto mehr Vertrauen gewinnen Sie in diese Haltung zum Leben. Wir sehen uns dort, wo die Lebenslust blüht. Wie Sie genau dorthin gelangen, erfahren Sie hier.

Auf die Sonnenseite wechseln

Was als Fußgängerin oder Fußgänger im Straßenverkehr möglich ist, sollte im Leben ebenso gelingen: auf die Seite wechseln, auf der die Sonne scheint. Wenn Personen in Diskussionsrunden zu jammern anfangen und negative Stimmung verbreiten, schlüpfe ich in die Optimistenrolle. Gelingt nicht immer, aber immer häufiger, je öfter ich es übe. Ich möchte das Glas nicht halb leer sehen.

Diese Strategie habe ich vor einigen Jahren, als ich zusammen mit einer Kollegin eine Gruppe für Frauen in Führungspositionen moderierte, übernommen. Regelmäßig berichteten uns die Teilnehmerinnen darüber, was nicht funktioniere, und sie redeten über Mitarbeitende und Vorgesetzte, die nur die Bedenken und Gefahren sehen würden. Ihre Frage an uns Coaches war, wie man mit den Nörglerinnen und Bedenkenträgern umgehen könne? Wie könne man dem vorbeugen, auf deren negative Seite hinübergezogen zu werden, wo Angst vor Veränderungen, Unflexibilität und wenig Freude vorherrschen?

Wir malten zwei Spalten auf ein Flipchart-Blatt und versahen die eine Spalte mit einem Pluszeichen, die andere mit einem Minuszeichen. Dann sammelten wir alle Argumente und Statements, die die Frauen in ihren jeweiligen Situationen von den anderen zu hören bekamen sowie ihre eigenen Argumente dafür und dagegen. Wir nahmen ein weiteres Blatt und klebten die Minusseite ab. Beim Betrachten der Positivliste wurde schnell klar, dass vieles möglich wird, wenn man aufhört, auf das zu blicken, was nicht geht, und stattdessen dem folgt, wo die positive Energie liegt.

Hinter den Bedenken der meisten Menschen stehen deren Ängste vor Neuem und vor Veränderungen. Es ist gut, solche Ängste auszusprechen, denn dann kann damit ein Umgang gefunden werden. Die Bedenken können jedoch den Blick auf das Gute, das Machbare und Mögliche derart verstellen, dass Handlungen verhindert werden. Damit dies nicht geschieht, verhilft die Plus- und Minusliste zur Klarheit darüber, was auf der Sonnenseite liegt.

LEBENSLUST-ÜBUNG:

PLUS-MINUS-LISTE

Nehmen Sie ein Blatt Papier und richten Sie zwei Spalten ein, eine mit einem Pluszeichen, die andere mit einem Minuszeichen. Tragen Sie nun alle Argumente ein, die Sie von anderen zu hören bekommen, warum etwas geht oder nicht geht, sowie Ihre eigenen Gedanken. Anschließend decken Sie die Minusliste mit einem Blatt ab und schauen auf die Sonnenseite der Liste.

Lustkino statt Horrorfilm

„Sie können sich entscheiden, Frau Länger", sagte meine Therapeutin, als ich ihr von meinen Befürchtungen hinsichtlich meiner beruflichen Zukunft berichtete. Nach einem gelungenen Einstieg ins Berufsleben und sofortigem Aufstieg in das Leitungsteam eines sozialen Projekts, was jedoch gepaart war mit psychisch belastender Krisenarbeit, war ich nervlich am Ende. Meine Zuversicht war auf dem Tiefstand angekommen, ob ich es jemals schaffen werde, einen Job zu finden, bei dem ich mich nicht für andere aufopfern müsse und Freude an der Arbeit haben werde. Meine psychische Verfassung war katastrophal und meine Ängste ließen mich immer wieder aufs Neue in Negativ-Filme im Kopf abgleiten.

In dieser Gefühlslage hörte ich meine Therapeutin eines Tages sagen: „Na Frau Länger, wieder Horrorkino eingeschaltet? Warum schalten Sie nicht um auf Lustkino?" Leicht geschockt über diese Direktheit horchte ich auf, was sie mir nach meiner Jammerstunde als Hausaufgabe mitgab. Ich sollte einen Programmplan für ein Kino malen und täglich eintragen, welchen Film ich mir anschaue. So könne ich wahrnehmen, welches Kopfkino ich eingeschaltet hatte und leichter umschalten.

Gesagt getan und siehe da, nach einigen Wochen wurden die Horrorfilme weniger und mein Optimismus und Selbstbewusstsein fingen wieder an zu wachsen. Es wirkte tatsächlich. Die Entscheidung lag in meiner Hand.

Liebe Pessimisten und Skeptikerinnen, ich weiß, dass Ihre Lebenshaltung Ihnen einen Schutz bietet. Dennoch wollte ich Ihnen genau diese Geschichte vom Kopfkino veranschaulichen. Übrigens: Bei schlechten Nachrichten im Fernsehen klappt das Umschalten genauso. Ich zappe bei Nachrichtensendungen und Polittalks zu den Naturparadiesen oder Heimatdokumentationen in den dritten Programmen. Sonntags bin ich regelmäßig in Cornwall statt in den Abgründen deutscher Tatorte. So schütze und bewässere ich meine Lebenslustpflanze, die gerade in angespannten Zeiten gehegt und gepflegt werden will.

Ich will's nicht wissen

Nichtwissen schützt zwar laut dem Strafgesetzbuch nicht vor Strafe, doch es schützt vor Beeinträchtigung der Lebenslust. Was ich nicht weiß, macht mich nicht heiß. Will heißen, darüber mache ich mir keine Sorgen, denke ich nicht nach und dafür verschwende ich keine Lebenszeit. Die wirklich wichtigen Ereignisse bekomme ich mit – ohne Zeitung, ohne Facebook, ohne Fernseher. War man vor einigen Jahrzehnten auf einer griechischen Insel im Urlaub und das einzige Inseltelefon war kaputt, dann konnte man auch nicht zu Hause anrufen und mitteilen, dass es einem gut gehe. Wenn es anders gewesen wäre, hätten die Menschen zu Hause es schon irgendwie erfahren. Nicht alles wissen wollen, kann ungemein entspannen und vor negativen Nachrichten und Energien schützen. Legen Sie ab und zu eine Informationssperre ein.

Dem Leben vertrauen

Je mehr wir uns ins Bewusstsein rufen, was es Gutes gibt und was wir täglich schaffen, desto mehr wächst unser Vertrauen in das Leben. Es ist wie beim Lernen. Je mehr Sie üben, wiederholen, sich in Erinnerung rufen, wie es geht, die Anleitung studieren, die Handlungen zur Routine werden, desto schneller lernen Sie und vertrauen Sie Ihrem Können. Genauso verhält es sich mit der Vertrauensübung. Je öfter Sie sich den Sachen widmen, die Ihr Vertrauen stärken, desto mehr kann es wachsen. Stellen Sie sich vor, sie gießen die Pflanze des Vertrauens täglich, reden ihr gut zu, betören sie mit Musik und den guten Dingen des Lebens. Für Pessimistinnen und Pessimisten eine sehr heilsame Übung. Ein gesundes Vertrauen in das Leben wirkt wie Dünger für das seelische Wohlbefinden.

LEBENSLUST-ÜBUNG:

MEHR ALS MAN DENKT

Wir haben mehr, als wir denken. Listen Sie auf, was Sie gemacht, geschafft, erreicht, erledigt haben, was gut geklappt hat, was Ihnen Positives gesagt, geschenkt wurde, worüber Sie gelacht haben und wie oft Sie sich gefreut, zufrieden zurückgelehnt und sich wohlgefühlt haben. Wer diese Aufzählung täglich macht, sei es in Gedanken oder schriftlich, wird mehr und mehr wahrnehmen, wie viele Dinge gelingen. Es ist viel mehr, als wir abspeichern. Für das, was wir haben, dankbar zu sein, ist eine wunderbare Übung in Demut und Lebenslust.

Ja sagen

Kürzlich hat ein Redner in einem Vortrag über Führungsqualitäten empfohlen, bei kritischen Anmerkungen von Mitarbeitenden und chronischen Nörglern mit „Ja, genau" zu antworten. Das Gegenüber erwartet ein kritisches „Nein, das geht nicht" oder „Nein, das stimmt nicht" und erhält stattdessen eine ungewohnte Zustimmung. Ich habe es ausprobiert. Die Überraschung gelingt. Die Kritiker, Nörglerinnen und Pessimisten sind ertappt. Denn oft geht es ja nicht um schwerwiegende Einwände, sondern darum, dagegen zu sein.

Insbesondere diejenigen, die sich zu den chronischen Neinsagerinnen und Pessimisten zählen, möchte ich einladen, öfter Ja zu sagen. Versuchen Sie einen Tag lang, viele Male Ja zu sagen zu allem und jedem, was oder wer Ihnen begegnet. Nehmen Sie wahr, welche Energie das bei Ihnen und Ihrem Gegenüber auslöst. Die blockierende Nein-Energie kann sich in einen leichten Ja-Flow umwandeln.

Diese positive Wirkung ist sehr wertvoll für die eigene Lebenslust und die der Menschen um Sie herum. Zunächst werden Sie Erstaunen auslösen. Eventuell werden Sie gefragt, ob mit Ihnen alles in Ordnung sei. Gratuliere Ihnen! Geschafft! Neue Erfahrungen probiert, andere verwundert, womöglich haben Sie sich sogar selbst überrascht. Das ist bestes Futter für die Vernetzung neuer Gehirnzellen. Die dabei entstehenden Verbindungen stärken nicht nur die Lebenslust, sondern insgesamt Ihre Abwehrkräfte.

FREUNDLICH NEIN SAGEN FÜR ALLE, DIE IMMER JA SAGEN

„Lebenslust ist, jeden Tag froh gelaunt und erwartungsvoll zu begrüßen."

(Jazzmusiker, 60 Jahre)

In meinen Seminaren habe ich in den letzten Jahren Hunderte Menschen getroffen, Männer und Frauen, Jüngere und Ältere, Auszubildende, Akademikerinnen, Psychologen, Pädagoginnen, Gesunde und Kranke, Behinderte und Beeinträchtigte, Bürokauffrauen, Bauarbeiter, Maurermeister und Führungskräfte. Acht von zehn Personen in einem Seminar berichten mir, sie könnten nicht Nein sagen, weder beruflich noch privat. Männer vom Bauhof ebenso wenig wie Führungskräfte und junge Frauen.

Was ist los, frage ich mich? Zugegeben, ich kann heute besser Nein sagen, da ich es seit Jahren übe. Ja, Sie haben richtig gelesen: üben. Nein sagen kann niemand einfach so. Das bringt man uns ja in der Regel als Kind nicht bei. Ich habe in meinem Beruf als Sozialpädagogin früh bemerkt, dass ich Nein sagen lernen muss, damit ich in diesem Job nicht untergehe. Professionell für andere Menschen und deren Krisen und Katastrophen zuständig zu sein, kann furchtbar anstrengend werden, wenn man nicht Nein sagen kann.

Privat fiel es mir nicht leichter. Anfangs habe ich erklärt, warum ich nicht zuständig bin, es nicht übernehmen kann, ich es schlicht und einfach nicht mache, nicht mitkomme und sogar, warum ich das Essen nicht mag. Ich habe mich gerechtfertigt und mir Notlügen ausgedacht. Das funktioniert allerdings nicht auf Dauer und kann sehr mühsam werden. Wenn ich gesagt habe, ich möchte nicht mit zum Rockkonzert, dann haben meine Freunde einfach eine andere Band vorgeschlagen und einen anderen Termin. Dann kann man schlecht sagen, man komme wieder nicht mit, weil man krank sei. Ja, Kranksein als Ausrede war einige Jahre auch meine Strategie. Die bringt allerdings überhaupt keinen Spaß und sie kann ernsthaft krank machen.

Eines Tages habe ich begonnen, mich selbst ernst zu nehmen, zu mir und meinen Bedürfnissen zu stehen und mit dem Neinsagen anzufangen. Anfangs können Sie es bei Personen und in Situationen ausprobieren, in denen es leichter fällt, weil Ihnen die Menschen nicht nahestehen oder die Arbeit weniger wichtig ist. Also nicht gleich, wenn demnächst der Chef um etwas bittet oder einen Auftrag erteilt, sondern bei einer Kollegin, die zögerlich fragt und bereits mit einem Nein rechnet. Viele Menschen fügen Ihrer Anfrage glücklicherweise hinzu, dass, sollte es nicht klappen, dies in Ordnung sei. Eine sehr gute Übungssituation.

Sie können sich immer mehr herantasten an das Nein, das zu Ihnen passt. Der erste Schritt ist, nicht dauernd Ja zu sagen. Es klopft an der Bürotür oder ich nehme den Telefonhörer ab und eine Kollegin bittet mich um einen Gefallen. Automatisch antwortete ich „Ja, mache ich", anstatt um Bedenkzeit zu bitten. Meine Antwort ist inzwischen: „Ich überlege es mir." Das verschafft Zeit zum Nachdenken. Am schönsten klingt:

„Vielen Dank, dass du an mich gedacht hast. Ich überlege es mir und gebe dir morgen Bescheid." Sie haben Zeit, es sich in Ruhe zu überlegen und stehen voll hinter Ihrer Entscheidung. Ein klares Ja und ein klares Nein ist das Beste, was wir unseren Mitmenschen geben können. Partner, Partnerinnen, Freundinnen und Familie, Kinder und Verwandte ebenso wie Kolleginnen und Kollegen, Geschäftspartner und Chefs wissen, woran sie sind. Menschen, die man einschätzen kann, weil sie klar und deutlich kommunizieren können und sich selbst ernst nehmen, werden sehr geschätzt.

Ein klares Ja und ein klares Nein kann die Lebenslust für Sie und Ihre Mitmenschen erheblich erhöhen. Mit der Affirmation „Ich stehe zu meinen Jas und ich stehe zu meinen Neins" kann die Selbstliebe wachsen und sogar ein gesunder Egoismus heranreifen.

Jedes Nein zu anderen ist ein Ja zu sich selbst

Nein zu jemandem oder einem Angebot zu sagen, heißt nicht, dass Sie den Menschen ablehnen, zu dem Sie Nein sagen. Ja, ich weiß, viele Menschen nehmen es einem übel, wenn man nicht immer mitspielt bei all den gleichförmigen Ritualen, Abläufen und Dingen, die man halt so und nicht anders macht. Dennoch ist ein Nein zu etwas ein Ja zu sich selbst und eben kein Nein zu einer anderen Person.

Die meisten Menschen leiden darunter, wenn Sie nicht Nein sagen können. Denn sie spüren, dass sie durch das viele Jasagen zu anderen nie zu sich selbst Ja sagen und sich viele Dinge aufhalsen, die sie eigentlich nicht oder nicht mehr tun wollen.

Mit einem überlegten Nein bejahen Sie sich selbst, schenken Ihren Bedürfnissen Achtsamkeit und nehmen Ihre eigenen Wünsche ernst. Letztlich kommt es nur darauf an, wie Sie Nein sagen. Der Tonfall entscheidet darüber, wie Ihr Nein aufgenommen wird. Freundlich Nein zu sagen ist eine Kunst, die wir einüben können.

LEBENSLUST-ÜBUNG:

NEIN SAGEN

Das freundlichste Nein lautet: „Vielen Dank, dass Sie an mich gedacht haben. Ich möchte nicht." Das unfreundlichste: „Nein, das mache ich aus Prinzip nicht." Das energiesparendste Nein ist, keine Reaktion zu zeigen. Abwarten und Nichtstun, kann ratsam sein – sogar oder gerade im Job. Meine Lieblingsvariante: „Ich denke darüber nach. Ich überlege es mir."

Anpassungsdruck ade

Immer wieder berichten mir Menschen, sie müssten so viel arbeiten, um das Haus abzubezahlen, sie müssten auf die Familienfeiern gehen, um die Verwandten zufriedenzustellen, sie müssten die Einfahrt kehren und den Zaun streichen, um den Nachbarn nicht zu verärgern. Haben Sie ähnliche Erwartungshaltungen anderer zu erfüllen? Dann überprüfen Sie bitte einmal, ob es wirklich die anderen sind, die von Ihnen dieses oder jenes erwarten und fordern? Sind Sie es nicht letztlich selbst? Liegt dem Erwartungsdruck nicht zugrunde, dass Sie gemocht, anerkannt und geliebt werden wollen?

Solange dies Ihnen Spaß macht, ist alles in Ordnung. Doch sobald Sie die Anpassung an Regeln, Traditionen und stillen Übereinkommen als Druck empfinden, sollten Sie Ihr Handeln hinterfragen.

Stellen Sie sich vor, Sie haben nicht mehr lange zu leben. Würden Sie sich anders verhalten und sich trauen, sich Freiheiten zu nehmen, die momentan noch nicht denkbar sind? Dann nehmen Sie sich diese Freiheiten schon jetzt. Wir sind nicht dazu da, die Erwartungen der anderen zu erfüllen, sondern wir dürfen unser Leben frei gestalten.

Das geht nicht wegen der Kinder, dem Partner, der Partnerin, der Familie, dem Erbe und so weiter und so weiter? Gerade wegen Ihren Kindern und Ihren Mitmenschen sollten Sie sich Ihre eigenen Regeln geben und Ihren eigenen Lebensrahmen entwerfen. Sie selbst wissen am besten, was für Sie gut ist. Sie dürfen freundlich Nein sagen in Liebe zu sich selbst. Erlaubt ist alles, was Ihnen guttut.

Nicht jeder muss Sie mögen

Denjenigen unter Ihnen, denen freundliches Neinsagen noch immer nicht leichtfällt, möchte ich einen weiteren Aspekt ans Herz legen. Eine innere Unabhängigkeit von den eigenen Gemocht-werden-wollen-Gefühlen zu entwickeln, fördert die Lebenslust ungemein. Genauso positiv wirkt es andersherum, wenn wir uns nicht selbst die Verpflichtung auferlegen, alle anderen mögen zu müssen.

Sich in die Ordnungen des sogenannten Normalen einzufügen, weil wir uns dann geliebt und gemocht fühlen, kann die Lebenslust immens beschneiden. Ist es tatsächlich in Ihren Augen „normal", sich einzuengen, nur weil es viele machen und für andere richtig scheint, sich mit Unbefriedigendem zu arrangieren? Wohl kaum. Es kann uns also schlichtweg egal sein, was wann wie lange und warum und wofür normal sein soll. Wie eine normale Partnerschaft, eine normale Ehe, ein normaler Job, eine normale Frau, ein normaler Mann, ein normales Sexleben, die normalen Verhaltens- und Denkweisen auszusehen haben, kann mittlerweile niemand mehr genau beantworten und doch scheint es kollektive Annahmen darüber zu geben. Aber nur weil andere es länger aushalten und unglücklich bleiben wollen, müssen Sie nicht weiter mitmachen. Sie dürfen sich für ein Nein entscheiden.

Entgleiten Sie dem Normalitätszwang ab und zu und, wenn es Ihnen guttut, mit der Zeit immer mehr. Sie blicken durch in Ihrem Leben, Sie kennen die Signale Ihres Körpers und Ihrer Seele. Sie sind die Expertin, der Experte für Ihre Formen der Lebensgestaltung und dafür, in welche Himmelsrichtung sich Ihr Lebensfaden entwickeln mag. Es kann dabei mit anderen Personen zu inneren und äußeren Konflikten kommen und Grenzziehungen durch ein freundliches Nein mögen notwendig werden. Doch es muss Sie ja nicht jeder für dieses oder jenes Verhalten und Erscheinungsbild mögen. Sie mögen sicherlich auch nicht alle. Und, wenn Sie es bedenken, dann wollen Sie sicher auch nicht dazu beitragen, andere zu zwingen, sich anzupassen und Ihre Erwartungen zu erfüllen? Sich davon zu befreien, gemocht zu werden, eröffnet neue Räume und mehrt die Lebenslust.

Es kommt vor, dass ich froh bin, wenn mich manche Leute nicht mehr mögen und mich nicht mehr kontaktieren oder wenn sich beispielsweise die beruflichen Wege trennen. Die gegenseitige Anpassungsfähigkeit erreicht sozusagen die Grenzen der Beteiligten. Trennungen, sogenanntes Scheitern und Veränderungen haben im ersten Moment immer einen negativen Beigeschmack. Dabei sind das die Zutaten für neue Lebenslust. Neue Begegnungen werden möglich, es kann wieder spannend werden. Neue Gespräche, neue Menschen, neue Erfahrungen, neue Aufgaben, neue Herausforderungen, neue Chancen. Und dabei gilt stets: Nicht jeder muss Sie mögen.

Sie arbeiten nicht in der Notaufnahme

Manche Menschen beschäftigen sich derart intensiv mit Alltagsproblemen, dass ich sie fragend anschaue oder, bei Freunden, direkt darauf hinweise: „Hey, du arbeitest nicht in der Notaufnahme. Du musst niemanden retten." Vom Leid anderer Menschen darf man sich abgrenzen, muss man sogar, um selbst nicht mit hineinzustürzen. Neinsagen fängt also schon damit an, sich nicht alles anzuhören und sich nicht sofort in Mitleid zu ertränken. Vor allem dann nicht, wenn es Ihnen Energie raubt und Sie sich anschließend über Dinge unnötig Sorgen machen, die eben keine akute Gefahr bedeuten.

Das Bild der Notaufnahme hat mich lange Jahre in der Krisenarbeit davor bewahrt, mich mit dem Leid meiner Klientinnen und Klienten mehr, als es gesund für mich war, zu identifizieren. Eine gute Psychohygiene ist erforderlich angesichts der täglich auf uns einströmenden schlechten Nachrichten. Nur wer selbst gut für sich sorgt, kann auch für andere sorgen. Nur wer sich selbst rettet, kann andere retten.

Gesunder Egoismus

Egoistisches Verhalten galt lange als unsozial. Schon lange vertrete ich die Haltung, dass jeder einen gesunden Egoismus benötigt, um überhaupt gesund zu werden und zu bleiben. Für die eigene Gesundheit sorgen bedeutet hier, sich um sich selbst zu kümmern, ohne andere zu verletzen und zu beeinträchtigen. Ich tue das in dem Wissen, dass ich an erster Stelle stehen und selbstbewusst für mich eintreten darf.

Gesunden Egoismus könnte man auch freundlichen Egoismus nennen. Freundlich und zärtlich bleibe ich bei mir und lasse mich nicht von den äußeren Geschehnissen und Zwängen mitreißen. Der Blick bleibt stets auf mich gerichtet und von dort aus gehe ich hinaus und tue Gutes und verbreite Lebenslust.

LEBENSLUST FÜR KOPFGESTEUERTE

„Was Lebenslust ist? Da frage ich mich, lebe ich das Leben, das ich will, das mir entspricht, das mir Kraft und Energie gibt?"

(Beraterin & Coach, 54 Jahre)

Auf die Frage, was Lebenslust ist, antworten viele Menschen, Lebenslust habe etwas mit allen Sinnen zu tun und das Wort Lust betone vor allem das Körperliche. Sie zählen Eis essen, Bier trinken, im Garten arbeiten, in der Sonne liegen, Sex haben, Sport machen, Spazieren gehen, beten, meditieren, handarbeiten, in der Natur sein, in den Urlaub fahren und viele andere schöne Dinge auf. Alle Sinne sollen angesprochen werden: fühlen, hören, sehen, schmecken, riechen, lachen, weinen, jubeln, hüpfen, singen und tanzen inklusive. Schöne Gedanken allein sind diesen Menschen nicht genug.

Kopflastige Zeitgenossinnen und -genossen dagegen, zu denen ich gehöre, denken alles zigmal durch, wägen die Eventualitäten ab, überlegen hin und her und arbeiten im Kopf detailliert alle Handlungsoptionen nacheinander ab. Das lieben wir kopf- und vernunftgesteuerten Typen. Gedankenspiralen begleiten uns rund um die Uhr, selbst vor dem Einschlafen ein vertrauter Modus. Die Kopfsteuerung gibt das Gefühl der Selbststeuerung und vermittelt Sicherheit. Wir behalten die Orientierung und das Vertrauen in unser Handeln. Die Dinge fühlen sich in dieser Haltung beeinflussbar, bewältigbar, steuerbar und vorhersehbar an. Am liebsten mögen wir es, wenn alles stabil bleibt. Diese Qualitäten sind nützlich und wertvoll. Vor allem weil wir von diesem Denken und dieser Haltung täglich umgeben sind. Das Vernünftigsein und das vernünftige Handeln haben im Alltag die Oberhand. Lustsignale aus dem Off dringen selten bis in die Kopfregie vor. Die Souffleuse von unten will uns verführen und schlägt eine Programmänderung vor. Wenn plötzlich eine ganz andere Musik aus der Bauchregion eingespielt wird, reagiert die Kopfsteuerung mit Irritationen. Doch es ist gut für Ihre Seele, wenn Sie solche Momente wahrnehmen können und dem leisen Flüstern der Souffleuse zuhören. Wechseln Sie in die angebotene Vorstellung. Schicken Sie Ihr Vernunftdenken in die Pause. Die vielen Dinge, die Lust für alle Sinne ermöglichen, stehen ab sofort auf dem Spielplan.

Mit den Tipps für Kopflastige können Sie Ihre Lustimpulse aufspüren und sich auf Ihre gewohnte Art, eben vom Kopf her, in die Lebenslustrichtung steuern.

Der Kopf ist nicht der Schlauere

Erinnern Sie sich an Situationen, in denen Sie Ihr Bauchgefühl überhört haben und Ihnen im Nachhinein klar geworden ist, dass dem Verstand zu folgen nicht die schlauere Idee war? Impulse aus dem Bauch heraus werden vom Verstand meist ignoriert. Stets mahnt er mit seinen rationalen Argumenten zur Vernunft. Vor allem in Sachen Lebenslust ist der Verstand meist der Spielverderber, weil er ungern die Steuerung dem Bauchgefühl überlässt. Der Kopf liebt das bekannte Verhalten. Unser Körper und unsere Bedürfnisse sollen sich ihm unterordnen. Neues zu wagen und nach der Freude zu entscheiden, das erlaubt uns der Verstand selten. Er bleibt lieber in seinen gewohnten Bahnen.

Ich nehme mir immer wieder vor, für die feinen Töne aus der Bauchregion wachsam zu bleiben und sie nicht zu überhören. Diese Achtsamkeit benötigt eine geübte Selbstwahrnehmung. Um eine neue Vokabel zu lernen, benötigt der Verstand siebenmal Kontakt mit dem Wort. Unser Bauchgefühl ist viel schneller. In Sekundenschnelle erreichen uns die intuitiven Botschaften. Darauf können wir uns verlassen, selbst wenn wir in diesem Moment meist nicht wissen, woher und wofür wir diese Ahnungen haben. Das Bauchgefühl ist mit feinen Antennen ausgestattet. Achten Sie also auf die Impulse aus der Bauchregion. Hören und spüren Sie in sich hinein, um herauszufinden, was für Sie stimmt, wo es lang geht und wohin Ihre Lebensrichtung zeigt. Die Lebenslust-Übung Worauf stehe ich? [12] kann helfen, das ans Licht zu bringen. Worauf stehen Sie? Was sagt Ihr Kopf, was fühlt Ihr Bauch, was spricht Ihr Herz?

LEBENSLUST-ÜBUNG:

WORAUF STEHE ICH?

Malen Sie einen Kreis auf ein Blatt und schreiben Sie in die Mitte „Was mir im Kopf herumschwirrt …". Unter den Kreis malen Sie ein großes Oval. Schreiben Sie hinein „Was mein Herz berührt …" und darunter „Was mir auf den Magen drückt …". Unten auf das Blatt malen Sie zwei Füße und notieren „Worauf ich stehe …". Mit den vier Fragen können Sie ins Fühlen kommen und intuitiv herausfinden, was Ihnen guttut und was Ihnen fehlt. Sie können eine konkrete Frage überdenken oder über Ihre gesamte Lebenssituation sinnieren.

Der Kopf denkt – der Körper lenkt

Wir können vom Kopf her noch so viel wollen, sollen und müssen. Letztendlich bestimmt unser Körper das Tempo und ob etwas geht oder nicht. So einfach ist es und so schwer fällt es uns, dies so zu sehen. Körperliche Symptome zeigen uns deutlich, wer am Lenkrad sitzt. Die Signale des Körpers sind Warnsignale. Es läuft nicht rund, uns fehlt etwas oder irgendwelche Aspekte unseres Daseins sind ungesund und tun nicht (mehr) gut. Deutlich wird diese Tatsache beispielsweise bei einer Erkältung. Natürlich kommt sie ungewollt daher, stets zu einem ungünstigen Zeitpunkt und wenn wir nicht mit ihr rechnen. Jedes Mal aufs Neue überrascht uns ein Infekt und zwingt uns zu einer Bettruhe, einer Sofapause und einer Teekur. Sie kommt drei Tage, sie bleibt drei Tage und sie geht drei Tage. Egal ob mit oder ohne Medikamente. Der Körper lenkt uns. Der Verstand hinkt hinterher. Wenn es uns wieder besser geht, erkennen wir, dass wir überarbeitet, gestresst und unter Druck waren und uns die Auszeit, die uns der Körper sozusagen verschafft hat, gutgetan hat. Erst nach dieser Körper- und Seelenpause geht es wieder bergauf mit uns, wir erholen uns, tanken neue Lebensenergie und genesen von selbst.

Im Grunde ist es bei allen Krankheiten so. Alles bewusst und unbewusst Erlebte wird im Körpergedächtnis gespeichert. Verdrängtes und vom Geist vielleicht Vergessenes vergisst der Körper nicht. Das Körperbewusstsein übersteigt das Erinnerungsvermögen des Verstandes bei Weitem. Der Körper lenkt uns hinein und wieder heraus. Wege der Selbstheilung beschreiben diese Abfolge. Ein technokratisches Körperverständnis und ein rein medizinischer Blick auf Heilung verhindern die Integration eines solchen ganzheitlichen Verständnisses auf Krankheit und Gesundheit.

Sie können rückblickend Ihre Symptome in Ihren Lebensphasen reflektieren: Welche körperlichen Signale sind wann aufgetreten und wie haben Sie den Weg wieder herausgefunden? Möchten Sie über die Wege der Selbstheilung mehr erfahren, lesen Sie bei Spirituelles für Esoterikerinnen und Esoteriker unter dem Abschnitt Selbstheilung weiter.

LEBENSLUST-ÜBUNG:

DIE GEDANKEN WASCHEN

Falls der Verstand mal wieder die Bremse nicht findet oder sich im Labyrinth der Gehirnwindungen verlaufen hat, probieren Sie den Kopf-wasch-Tipp aus. Auch bei Gedankenspiralen, insbesondere wenn sie nachts das Einschlafen erschweren, ist eine Kopfwaschung hilfreich. Nach dem Haarewaschen legen Sie sich erfrischt und gedanklich gereinigt ins Bett und das Einschlafen klappt viel leichter.

Fußpflege

Wer mit dem Kopf durch das Leben rauscht, sollte ab sofort eine Fußcreme neben dem Sofa oder auf dem Nachtkästchen platzieren. Massieren Sie sich regelmäßig die Füße. Das schafft einen Gegenpol zur Ausrichtung von oben. Ihre beiden tragenden Säulen werden sich bedanken und Sie erhalten eine schöne Erdung.

Keine Angst vor Gefühlen

Angst vor Gefühlen haben wir alle. Vor allem vor unangenehmen Gefühlen. Deswegen neigen wir dazu, sämtliche Gefühle vom Kopf her steuern zu wollen. Ärger, Wut, Einsamkeitsgefühle, Traurigkeit und Ängste verdrängen wir besonders gerne und mit ihnen die schönen Gefühle wie Freude, Lust, Heiterkeit und Lachen. Wir stellen vom Kopf her alles Gefühlsmäßige ab. Gefühle stören vermeintlich das Funktionieren im Alltag.

Ohne Gefühle geht jedoch die Lebenslust baden. Wir sind Menschen mit allem drum und dran. Egal, was wir anstellen und der Kopf sich ausdenkt, sich tot stellen geht nicht.

Ängste beispielsweise gehören zur Grundausstattung unserer Gefühlswelt. Häufig nehmen wir unsere Ängste nicht genau oder gar nicht mehr wahr. Wir können lernen, einen gesunden Umgang mit unseren Ängsten zu finden. Vor einiger Zeit habe ich mit einer Freundin ein Ritual für den Umgang mit Ängsten erfunden. Wir setzten uns an den Küchentisch und jede für sich notierte ihre Ängste auf ein Blatt Papier auf. Schweigend konzentrierten wir uns auf die detaillierte Auflistung. Dann lasen wir uns unsere Ängste gegenseitig vor. Die anfängliche Scham verflog bald, nachdem wir feststellten, dass sich unsere Listen ähnelten. Von Existenzängsten, Angst vor Krankheiten bis zur Angst vor dem Arbeitsplatzverlust, Angst vor Konflikten und der Angst, von den anderen nicht mehr gemocht zu werden, war alles dabei. Durch das Gespräch ergaben sich sogar neue Ängste, an die wir vorher noch gar nicht gedacht hatten. Am Ende der Liste angekommen, schilderte meine Freundin, sie habe Angst, ihren Job nicht mehr zu schaffen, auf Hartz IV angewiesen zu sein und zu gemeinnütziger Arbeit verpflichtet zu werden. Als ich das hörte, musste ich wirklich lachen, war sie doch eine Akademikerin und erfolgreiche Unternehmensberaterin, die im Ausland tätig war. Je länger wir über unsere Ängste sprachen, desto klarer wurde uns, wie oft und wie schnell das eigene Kopfkino Angstfilme einlegte, die mit der Realität nicht mehr viel gemein hatten. Gleich manchem Science-Fiction-Film im Kino. Als ich einige Wochen später meine eigene Angstliste noch einmal durchlas, stellte ich fest, dass nichts von dem eingetreten war, was ich damals notiert hatte.

Sobald wir uns die eigenen Ängste ehrlich eingestehen, sie aufschreiben oder aussprechen, sitzen sie uns nicht mehr im Nacken. Die Aufmerksamkeit, die wir unserer Gefühlswelt mit dieser Art von Ritualen schenken, hilft uns dabei, uns und unsere Situation anzunehmen.

Sollten Sie viele Ängste haben und Ihre Ängste übergroß sein, können Sie sich mit dem Ritual einer Angstliste behelfen und alles aufschreiben, wovor Sie Angst haben. Schreiben Sie detailliert auf, was Sie beunruhigt. Führen Sie alles auf, bis Ihnen wirklich nichts mehr einfällt. Schon während des Schreibens kann eine Erleichterung eintreten. Legen Sie nun die Liste auf ein Fensterbrett. Nach einigen Tagen oder Wochen schauen Sie sich die Liste erneut an und überprüfen, ob und welche Situationen, vor denen Sie sich gefürchtet haben, eingetreten sind. Sie werden sehen, die meisten Ängste, die Sie damals aufgeschrieben haben, sind jetzt verflogen, und die Situationen, vor denen Sie sich gefürchtet haben, nicht eingetreten. In der Realität steht eben kein gefährlicher Tiger hinter uns und möchte uns angreifen, sondern es sind oftmals Erinnerungen an frühere Ängste und vom Kopf gesteuerte Gefühle.

Selbstverständlich können Sie für alle Gefühle Listen anlegen, sogar Excel-Listen wären denkbar: Glücksliste, Freudeliste, Lebenslustliste, Ärger- und Wutliste. Dadurch können

Sie Ihre Gefühle wahrnehmen und beginnen, Ihnen zu vertrauen, anstatt sie zu verdrängen. Sie können Ihr Gefühlsleben zunehmend auf Empfang einstellen und dieses mehr und mehr genießen.

Ins Fühlen kommen

Wie geht dies – wie geht das? Wie funktioniert dieses oder jenes? Ins Fühlen kommen, ist der Gegenpol solcher W-Fragen. Ins Fühlen kommen wir, wenn wir beginnen nachzuspüren, wie wir uns fühlen, und nicht, wie die Außenwelt funktioniert.

Auf die Frage „Wie geht's dir?" antwortet die Mehrzahl unserer Mitmenschen mit einem rhetorischen „gut". Dabei wäre diese Frage eine gute Gelegenheit, in uns selbst nachzuforschen, wie es uns wirklich geht, wie wir uns fühlen und was wir fühlen.

Beobachten Sie, was Sie auf die Wie-geht's-Frage in der Regel antworten. Sie können die Chance ergreifen und beim nächsten Mal für einige Sekunden in sich hineinhören, bevor sie antworten. Eine einfache Strategie, um im Alltag ins Fühlen zu kommen. Die Person, die sich nach Ihrem Befinden erkundigt, wird sich freuen, keine Routineantwort wie „geht schon" zu erhalten. Vielleicht regen Sie Ihr Gegenüber an, selbst nachzuspüren und ins Fühlen zu kommen. Haken Sie nach mit „Wie geht es dir wirklich?" (selbstverständlich nur bei den Menschen, die Sie mögen).

Gefühle egal welcher Couleur begrüßen

Alle Gefühlsarten, von fröhlich, freudig, happy, gelassen, entspannt bis angespannt, traurig, verärgert und wütend, gehören zu uns wie jedes einzelne Körperteil vom Kopf bis zu den Füßen. Die Seele ist ein wesentlicher Teil von uns. Wir Kopfmenschen vergessen das gerne. Alle Mitglieder aus der Gefühlsfamilie gehören dazu.

Begrüßen Sie alle Gefühle gleichwertig, als wären sie Ihre eigenen Kinder und Enkelkinder. Freuen Sie sich über Ihre Gefühlspalette und bereiten Sie jedem einzelnen Gefühlszustand gedanklich oder auch mal tatsächlich einen Begrüßungsdrink oder ein passendes Gericht zu. Die Traurigkeit bekommt einen heißen Tee und eine Kerze auf den Tisch. Bei weinerlichen Stimmungen gibt es die Heulsusensuppe. Die Angst möchte vielleicht einen starken schwarzen Espresso, die Freude einen Prosecco und das Glück einen Cocktail mit Wunderkerze darin, trinken. Eine scharfe Bosnawurst essen, könnte der Wut guttun. Begrüßungsrituale machen Spaß, sogar wenn die Lage nicht zum Spaßen sein sollte. Pflegen Sie einen gesunden Umgang mit all Ihren Emotionen. Je mehr Gefühlskinder Sie einladen, desto größer und bunter wird Ihre Gefühlspalette.

Weinen ist gesund, Lachen sowieso

Als ich nach der Krebsdiagnose vor Verzweiflung nicht mehr aufhören konnte zu weinen, sagte mir eine Freundin, Weinen sei gesund. Ich konnte mir vorstellen, dass Lachen gesund ist, doch dass Weinen gesund sein könnte, war mir neu. Die Verzweiflung wurde mit diesem Satz nicht weniger, doch ich entwickelte eine neue Sichtweise auf die nicht enden wollenden Phasen der Traurigkeit. Mir fiel auf, dass ich nach einem Heulanfall gut einschlafen konnte. Am nächsten Tag ging es mir besser als am Abend zuvor. Mit der Zeit fing ich an zu verstehen, dass Weinen etwas Entspannendes und etwas Reinigendes sein kann.

Sollten Sie Phasen haben, in denen Sie viel weinen müssen und häufig traurig sind, sehen Sie es so: Weinen ist gesund und entspannend. Jede Träne entschlackt und reinigt Ihre Seele. Wer die Heulattacken zelebrieren möchte, kann beispielsweise ein T-Shirt zum Auffangen der Tränen verwenden. Ihr Kopfkissen bleibt trocken und Sie verschwenden keine Unmengen von Taschentüchern. Lassen Sie alles heraus, was in Ihnen steckt. Sie können darauf vertrauen, dass Sie nach der Entschlackungs- und Reinigungskur automatisch zur Lebenslustseite Ihres Daseins zurückkehren werden. Lachen und Weinen aktivieren die gleichen körperlichen Regionen, deshalb weinen wir sogar vor lauter Lachen. Lachen und Weinen gehören zusammen, sie sind wie Geschwister.

Gefühle tun der Seele gut

So wie wir uns gerne auf eine Bank in die Sonne setzen möchten, wollen die Gefühle ans Licht. An einen sonnigen Platz, wo die Freude, die Wärme und die Helligkeit wohnen. Das ist meine Vermutung, wenn ich auf meine Geschichte von Lebenslust und Krebs [13] zurückblicke. Ich habe versucht, allen Gefühlen, die in dieser Zeit in mir hochgekommen sind, Ausdruck zu verleihen, und sie von innen nach außen zu bringen. Ich nahm an, das Ausleben der Gefühle würde den psychosomatischen Ursachen der Erkrankung zur Heilung verhelfen. Ich hatte den Eindruck, die Wut, die Ohnmacht, die

Traurigkeit, die vielen Ängste, denen ich begegnet bin, waren bereits vor der Diagnose in mir gespeichert. Die Diagnose beförderte sie an die Oberfläche und in mein Bewusstsein. Ich war die gleiche Person wie vor dem Tag, an dem der Arzt sagte, ich hätte Brustkrebs. Der Krebs war nicht spürbar, bis auf den Knoten in meiner Brust. Mein Körper fühlte sich wie vorher an. Erst durch die Operationen und die vielen Behandlungen ging es mir körperlich schlechter. Hatte sich mein Gefühlsleben verknotet?

Damals holte ich alles aus meinem Innersten hervor, spürte hin, überprüfte. Ich schaute mir alte Geschichten aus meinem Leben an und probierte viele Heilungswege aus. Intuitiv richtete ich meine Haltung zu mir selbst und zu meinem Leben und meiner Arbeit neu aus. Spirituelle Sinnfragen breiteten sich aus. Die seelischen Heilungs- und geistigen Bewusstseinsprozesse in dieser Zeit wurden von Gefühlen aller Art begleitet: Schock, Verunsicherung, Existenzängste, Trauer, Hoffnung, Zuversicht, Offenheit bis hin zu neuem Vertrauen in mich selbst. Denn die Ängste, Sorgen, Befürchtungen können heilsam sein, wenn wir sie uns anschauen, anstatt sie wegzudrücken.

Wenn Sie Ihre Gefühle aus der Tiefe Ihrer Seele an die Oberfläche in Ihr Bewusstsein begleiten, können Sie sie mit den Ursachen verknüpfen, das Geschehene einordnen, die dazugehörigen Gefühle integrieren und einen gesunden Umgang mit ihnen finden. Wenn Sie Ihre Glücks- und Zufriedenheitsgefühle ausleben, in dem Sie juchzend umherhüpfen und das freudige Gefühl voll und ganz genießen, können Sie ins Wohlfühlen gelangen. Alle Gefühle heilen die Seele. Bleiben Sie mit den Tränen und der Freude, die als Pärchen Hand in Hand Ihr Leben begleiten, gesund und munter.

Der Intuition folgen

Der Begriff der Intuition ist nicht leicht zu beschreiben. Von Intuition sprechen wir gerne, wenn Entscheidungen und Entwicklungen gut für uns ausgegangen sind. Wenn die Dinge nicht gut laufen, sprechen wir ungern darüber, dass wir intuitiv vorgegangen sind. Für mich ist Intuition eine Art siebter Sinn, der über den Verstand und das Bauchgefühl hinausgeht. Hier kommen Impulse ins Spiel, die wir nicht vorhersehen und planen können. Intuition ist quasi der Eintopf aus Kopfstimme, Bauchgefühl, Geistesblitz, Seelenfaden und Herzenssache. Spirituelle Aspekte spielen hinein. Wir wissen nicht genau, wie intuitive Prozesse und Wahrnehmungen ablaufen, warum wir uns so verhalten, etwas erahnen, dafür oder dagegen sind, etwas tun oder sein lassen. Die Hinweise und Zeichen nehmen wir dennoch deutlich wahr.

Wer der eigenen Intuition folgt, bleibt bei sich selbst und lässt sich nicht von außen und den anderen ablenken, sondern er blickt von innen nach außen. Die Blickrichtung auf uns selbst und unser Leben verläuft häufig von außen nach innen. Wir betrachten uns selbst mit den Wertmaßstäben, die außen gelten, und vergleichen uns dabei oft mit den gesetzten Erwartungen oder mit anderen. Kehren Sie den Blick um. Blicken Sie von innen heraus auf die Welt wie ein Vogel aus dem Guckloch seines Vogelhauses. Oftmals reagierte meine Umwelt mit Unverständnis und Kopfschütteln, wenn ich eine Entscheidung intuitiv traf, ohne rational erklären zu können, warum, weshalb und wofür. Ich hörte Kommentare wie „Wie hast du das so schnell entschieden?" oder „Das hast du richtig vorausgesehen!" oder „Hast du das geahnt?". Je mehr ich meinen Impulsen von innen heraus nachging, desto mehr schulte ich meine Intuition.

Persönliche Entscheidungen können nur intuitiv von innen heraus gefällt werden. Von außen sind die Dinge oftmals nicht nachvollziehbar.

Die einzige Person, die von innen nach außen blicken kann und ihrer eigenen Intuition folgen kann, sind Sie selbst. Ihrer Intuition zu folgen, erfordert, dass Sie Ihre Blickrichtung mutig vertreten und Ihrer Wahrnehmung selbstbewusst vertrauen. Selbst wenn die Welt Kopf steht, blicken Sie gelassen aus Ihrem Adlernest hoch oben in den Baumwipfeln. Von dort haben Sie eine gute Weitsicht und die Welt im Überblick.

LEBENSLUST FÜR BASTLERINNEN UND KREATIVE

„Jeden Tag aufwachen, mich freuen und auf meine Leinwand losgehen. Das ist meine Lebenslust."

(Malerin, 51 Jahre)

Bastlerinnen, Handwerker, Kreative und Künstlerinnen bewegen sich ohnehin auf dem Feld der Gehirnpflege. Mit Basteleien, Handarbeiten, Handwerken, künstlerischem Ausdruck und Do-it-yourself-Ideen jedweder Art fällt es leicht, die Begeisterung zu entzünden und die Flamme der Lebenslust lodern zu lassen. Gestalten, formen, schreiben, malen, hämmern, schweißen, schrauben, stricken, nähen sowie kleben, zerstören, zusammenfügen, auseinanderschneiden und all diese kreativen Prozesse fördern den Aufbau von Verbindungen im Gehirn. Wenn Sie Erfüllung in solchen Aktivitäten finden, haben Sie womöglich bereits das Straßennetz einer Großstadt in Ihren Hirnstrukturen eingepflastert.

Das Tun mit den Händen und dem Körper in Verbindung mit dem Geist sind die sinnlichen Erfahrungen, die uns seelisch berühren können. Der Flowzustand, in den Sie dabei kommen können, kann selbst belastende Gedanken für eine Weile verschwinden lassen und psychisch entspannen. Das Erfinden, Ausdenken und Umsetzen von kreativen Ideen lässt die Vorfreude sprudeln und das Herz höher schlagen, wenn das „Ding" sichtbar wird, das Sie erschaffen haben. Ein Scheitern mit dem geplanten Produkt oder Kunstwerk stört die Glückshormon- und Serotoninausschüttung in keiner Weise. Es kommt nicht auf das Ergebnis an.

Fernsehen, Bücher lesen, Kreuzworträtsel und Computerspiele sind weniger geeignet für die Vernetzung von Hirnzellen. Die körperlichen Erfahrungen und die emotionalen Empfindungen fehlen. Einkaufsbummel und Shoppingwochenenden bieten keine der positiven Nebenwirkungen, da das Belohnungszentrum im Gehirn nur kurzzeitig stimuliert wird. Der Dünger für Ihre Gehirnzellen wird während des Tuns verstreut und nicht beim Anblick des Pokals oder eines gekauften Schnäppchens.

Glückwunsch an alle Bastlerinnen und Kreative, Künstler und Handwerker sowie Handarbeiterinnen: Sie sind auf dem diamantenen Weg für Ihre selbst gestrickte Lebenslusthaltung. Die Geschenke Ihres Tuns sind Selbstliebe und Nächstenliebe sowie Anerkennung und Wertschätzung, unabhängig davon, ob Sie Ihre Werke behalten, verschenken oder verkaufen.

Do-it-yourself als nachhaltige Gesundheitsstrategie

Sie haben Ihre Lust für das Stricken, Häkeln, Nähen, Basteln, Handwerken, Reparieren, Recyceln, Gärtnern, Kochen oder Ähnliches neu entdeckt? Gemeinschaftsgärten, Repair-Cafés, Bike-Kitchen und das Reparieren von Elektrogeräten sind hipp geworden. Werkstätten zum Selbermachen und soziale Projekte, in denen das gemeinschaftliche Tun im Mittelpunkt steht, schießen aus dem Boden. Oft sind sie nachhaltig ausgerichtet. Die Menschen finden den Sinn ihres Handelns in der Pflege und Erhaltung ihrer Lebensgrundlagen und im schonenden Umgang mit den Ressourcen unseres Planeten Erde. Sie arbeiten zusammen und gesellschaftlicher Status, Herkunft, Geschlecht, Alter und Merkmale wie gesund, krank, arm, reich, behindert, nicht behindert oder andere Stigmata spielen keine Rolle. Gelebte Vielfalt und Verbindungen untereinander entstehen.

Die Do-it-yourself-Bewegung trifft auf ein Bedürfnis vieler Menschen. Basteln und kreativ sein, künstlerisch und handwerklich tätig sein in allen Formen bildet auch einen Gegenpol zum vorherrschenden Konsum- und Leistungsdenken, zum Leben auf der Erfolgsspur, zum Karrierestreben auf Kosten der Gesundheit und zu all den Ersatzbefriedigungen, die uns abhängig, manchmal sogar süchtig, aber nicht fröhlicher machen.

Nachhaltiges Handeln ist eine sinnvolle und hilfreiche Strategie, wenn wir psychisch erschöpft sind, denn es erkennt die psychischen Grenzen ebenso an wie die Grenzen der natürlichen Ressourcen und des Wachstums.[14]

Gestaltungslust ist Lebenslust

Kennen Sie MacGuyver? Haben Sie diesen Typus des kreativen erfinderischen Machers oder der einfallsreichen Macherin in Ihrem Familien- und Freundeskreis? Sind Sie selbst ein MacGuyver-Typ? MacGuyver ist ein amerikanischer Serienheld, der mit der praktischen Nutzung alltäglicher Gegenstände vielfältige Herausforderungen und Probleme lösen kann. Ich habe diesen Bastlertyp in meiner Familie. Diese Menschen sind ein Geschenk des Himmels. Egal welche Herausforderung das Leben bietet, ihnen fällt eine Lösung ein.

Vor einigen Jahren landete mein neues Sofa nach der Anlieferung im Keller, weil es wegen der Größe nicht durch meine Wohnungstür passte. Vor meinem inneren Auge sah ich, wie ich das nach wochenlangen Streifzügen durch die Möbelhäuser endlich gefundene schöne Stück schweren Herzens wieder abholen lassen musste.

MacGuyver organisierte mit einem Anruf kurzerhand eine Hebebühne und das neue cremefarbene Designerding wurde galant durch mein Schlafzimmerfenster im zweiten Stock des Hauses gehievt und konnte den vorgesehenen Platz im Wohnzimmer einnehmen. Das ist macguyver'sches Handeln und Gestalten. Geht nicht, gibt's nicht. Alles ist möglich.

Unzählige kleine und große Problemchen, jedwede Schäden und verbesserungswürdige Dinge, egal ob am Auto, am Rad, im Haushalt: MacGuyver nimmt es in Angriff. Selbst ohne Werkzeuge findet er eine Lösung. Er könnte vermutlich mit einem Werkzeugkoffer ein Haus bauen.

Diese Art von Gestaltungslust ist die groß gedachte Variante der Lebenslusthaltung. Ohne gedankliche Schranken plus einem inneren Tatendrang plus den unbedingten Glauben an sich selbst werden Dinge Wirklichkeit, von denen man als Normalo nicht zu träumen wagt, die man aufgibt oder für die man bisher einen Fachdienst anrief. Für den Transport zu groß bestellter Sofalandschaften durch zu schmale Türen gibt es allerdings keinen Fachdienst.

Sollten Sie keinen Gestalter und keine Macherin wie Mac-Guyver kennen, dann halten Sie Ausschau nach diesen Gestaltungstalenten. Freunden Sie sich mit ihnen an und beobachten Sie, mit welcher Selbstverständlichkeit diese Menschen ihre Gestaltungslust verwirklichen. Imitieren ist erlaubt.

Ideen sollen begeistern

Fühlen Sie sich hin- und hergerissen, welcher Idee Sie heute, diese Woche, nächstes Jahr und überhaupt folgen sollen? Haben Sie viele, manchmal zu viele Ideen und den Eindruck, Sie bräuchten zwei bis drei Leben, um sie alle auszuleben und real werden zu lassen?

Menschen, die viele Ideen haben, werden bewundert. Andererseits können viele Ideen die Umsetzung von nur einer Idee grundlegend verhindern. Ein Gefühl des Scheiterns breitet sich aus, ohne überhaupt mit der Verwirklichung einer einzigen Idee begonnen zu haben. 99 Prozent der Ideen werden nie verwirklicht. Das ist mitunter furchtbar frustrierend. Ich habe lange Zeit nicht verstanden, was ich mit den vielen Ideen anfangen soll und wofür sie da sind. Bis mir eines Tages eine Astrologin erklärte, viele Ideen seien nicht dazu da, umgesetzt zu werden. Vielmehr wäre ihr Sinn, mich selbst zu begeistern. Aha! Das ist natürlich eine ganz andere Perspektive auf den unendlichen Ideenstrom.

Lässt Sie die Idee eines eigenen Cafés, Restaurants oder eines Ladens seit Jahren nicht los? In meinem Umfeld kommt die Café-Idee alle paar Wochen auf den Tisch. Wir malen uns aus, welche Gerichte, Kuchen, Getränke es geben würde und welchen Schnickschnack, welche Süßigkeiten und Schokolade wir verkaufen würden. Wir diskutieren die Einrichtung und ob es Klamotten, Bücher, Taschen und Wein im Laden zu kaufen gäbe. Die Gedankenspielerei macht Spaß und wir verteilen die Jobs nach Neigungen und Wünschen jedes Einzelnen. Die viele Arbeit, die mit einem Café oder Laden verbunden ist, sehen wir dabei natürlich nicht. Das Herumspinnen und Ausmalen der Idee an sich versetzt uns in einen wunderbaren Zustand der Vorfreude. Die Idee allein genügt.

Sollten Sie viele Ideen haben, lassen Sie die Zeit entscheiden. Sie erkennen von selbst, welche Idee verfolgenswert ist und umgesetzt werden soll. Die eine von den einhundert Ideen, taucht immer wieder auf und ihre Verwirklichung geschieht ohne Mühe wie von Zauberhand. Sobald Sie Ihr Café, Restaurant, Ihren eigenen Laden eröffnet haben, weil es Ihr sehnlichster Wunsch ist und Sie Ihre Idee mit Lebenslust erfüllt, lassen Sie es mich wissen.

Dem Glück einen Stuhl anbieten

Sie können dem Glück einen Stuhl anbieten, indem Sie kleine und größere Wagnisse eingehen, Gewohntes sein lassen und Geplantes über den Haufen werfen, damit das Zeitfenster sich in dem Moment öffnet, wenn das Glück vorbeihuscht. Erhöhen Sie die Chancen, dass das Glück einen Weg in Ihr Leben findet. Einen Stuhl mit einem Schild „Reserviert für das Glück" auf Ihrem Balkon oder in Ihrem Garten aufzustellen, kann nicht schaden. Für das Christkind öffnen wir an Weihnachten ja auch extra die Fenster.

In den Jahren, in denen ich eine frühzeitige Urlaubsplanung versäumt hatte, sind außergewöhnliche Reiseideen mit ungewöhnlichen Personenkonstellationen hereingeschneit, die mir vorher nie in den Sinn gekommen wären. Sollten Sie sich für kein Urlaubsdomizil entscheiden können, bieten Sie neuen Ideen einen Stuhl an, indem Sie bewusst keine Pläne machen und den Platz freihalten. Kurzfristig kann das verunsichern, auf der anderen Seite ermöglicht es neue Chancen zu ergreifen. Andernfalls fahren Sie weiterhin in das gleiche Domizil am gleichen Ort mit den gleichen Leuten. Neue Erfahrungen an neuen Orten sind der nachhaltigste Dünger für Ihre Gehirnzellen.

Nach meiner Beobachtung kann diese Haltung selbst bei der beruflichen Neuorientierung erfolgreich sein. Ich gratuliere dem, wem es gelingt, sich aus einer ungekündigten Stellung neben dem bisherigen Job zu bewerben und eine passende Anstellung zu finden. Nicht allen fällt es leicht, die Energie für den beruflichen Umstieg oder Neuanfang, die Karriereplanung und eine Bewerbungsphase neben dem beruflichen Alltag aufzubringen. Für manche von uns ist eine freie Übergangszeit eine gute Lösung vor dem Aufbruch zu neuen Ufern, auch wenn dieser Weg Ängste auslöst und ihn nicht alle im Lebensumfeld gutheißen. In meinen Coachings habe ich viele Menschen erlebt, die eine Auszeit als Chance sahen, zu reflektieren, ihre Ziele zu überdenken und sich beruflich neu beziehungsweise anders zu platzieren. Auch Menschen, denen eine Zeit zwischen zwei Tätigkeiten ungewollt gegeben wurde, profitierten davon. Was anschließend möglich wurde, war im Vorhinein weder denkbar noch planbar gewesen.

Das Wagnis, sich in die Unsicherheit zu begeben, kann sich also lohnen. Loten Sie alle Möglichkeiten aus, wie Sie sich freie Zeit für die Neuorientierung verschaffen können. Eine Finanzierung durch Ersparnisse, die Unterstützung von Familie und Freunden und sogar der Weg in die vorübergehende Arbeitslosigkeit sind überlegenswert. Das wäre zudem eine sinnvolle Investition der Sozialversicherung in die Gesundheitsförderung aller Bürgerinnen und Bürger. Sie dürfen sich diese Auszeit nehmen.

Diese Offenheit für Entwicklungen ist geeignet, eine Wende herbeizuführen und in die Lebenslusthaltung zu kommen, gleich einem Schatzkästchen, dem wir täglich die Chance geben können, sich zu öffnen. Wenn der Wind günstig steht, nimmt das Glück und die Lebenslust auf Ihrem Stuhl Platz. Achten Sie auf die Windverhältnisse, öffnen Sie das Fenster und die Schätze kommen zu Ihnen. Wenn wir dem Glück den Stuhl nicht anbieten, kann das Glück den Platz nicht finden. Ihre Seele wird sich freuen, wenn Sie dem Glück begegnen darf.

LEBENSLUST-ÜBUNG:

GLÜCKSMOMENTE

Nehmen Sie eine Tüte oder ein Säckchen und füllen Sie es mit kleinen Steinchen oder Murmeln. Beschriften Sie die Tüte mit „Glücksmomente". In jedem Moment des Überschwangs und der Freude nehmen Sie ein Steinchen heraus und stecken es in Ihre Hosen- oder Handtasche. Am Abend zählen Sie die Glücksmomente, die Sie an diesem Tag geschenkt bekommen haben.

In den Flow kommen

An einer achtspurigen Ringstraße in München sah ich früh morgens einen Asiaten in seine Thai-Chi-Übungen versunken auf dem Grünstreifen stehen. Zunächst dachte ich, wie blöd der ist, sich diesen Platz auszusuchen. Heute Morgen saß ich selbst an einer Straßenkreuzung im Café und korrigierte einen Text. Der Landschaftsgärtner gegenüber rasierte eine Stunde lang die Hecke. Als ich mich in meine Arbeit vertieft hatte, hörte ich nichts mehr um mich herum. Ich war überrascht, als ich nach einiger Zeit wieder aufblickte und die Geräusche wieder wahrnahm. Sicherlich waren sie die ganze Zeit da gewesen. Ich konnte die störenden Geräusche durch die Vertiefung in mein Tun ausblenden. Selbst an vermeintlich ungeeigneten Orten können wir uns in einen solchen Seelenzustand begeben.

Der Flowzustand ist das Gegenteil von innerer Anspannung und dem sorgenvollen Gedankenkarussell. Selbst Belästigungen durch Lärm oder Beeinträchtigungen durch Schmerzen können wir darin vergessen. Nichts stört und lenkt ab bei der Vertiefung in das Tun. Nichts nervt und nichts ist unangenehm in der geistigen Versenkung. Alles fließt vor sich hin, ohne das innere Müssen. Aktives Tun ohne Widerstand, ohne Hindernisse, ohne Blockaden. Dieser Zustand lässt uns Einssein mit Körper, Geist und Seele und im Hier und Jetzt in der Balance sein. Im Flow sein, ist ein wundervoller Seelenzustand.

Singen im Auto

Zur Untermalung aller Lebenslustgefühle ist Singen eine klasse Sache. Schließen Sie die Autofenster und legen Sie

Ihre Lieblingsmusik ein. Suchen Sie sich Lieder aus, die Sie innerlich tanzen lassen und mit denen Sie das Leben und die Freude voll und ganz feiern können. Drehen Sie die Lautstärke lauter und singen Sie lauthals mit. Für alle Gefühlszustände gibt es die entsprechende musikalische Untermalung. Egal welchen Geschmack Sie haben, in Ihrem eigenen Proberaum, in Ihrem Auto, können Sie mitbrüllen, schreien, grölen, poppig mitschwingen, jazzig flüstern oder fröhlich singen. Mit der Stimme den inneren Gemütszustand zum Ausdruck bringen, das ist einfach wunderbar. Sogar unangenehme Gefühle können herausposaunt werden, um sich besser zu fühlen. Kraftausdrücke bleiben in Ihrem Proberaum – ungehört wie der Pups unter der Bettdecke. Im Auto sind Sie ungestört und Ihre Schamgefühle können Sie eingepackt lassen. Achten Sie auf eine einfache Fahrstrecke in übersichtlicher Verkehrslage. Eine atemlose Fahrt wünsche ich Ihnen.

LEBENSLUST FÜR BEWEGUNGSFAULE

„Lebenslust ist, morgens um fünf Uhr aufzustehen, mich in den Garten zu stellen und heimlich eine Zigarette zu rauchen."

(Friseurin, 55 Jahre)

Bei der heutigen Bilder- und Videoflut auf Facebook, YouTube, Instagram und anderen Internetplattformen sowie dem

Angebot an Gesundheitsapps aller Art geraten die gemütlichen Charaktere unter uns ins Hintertreffen. Der männliche Aktivbürger avanciert zum Sportstar. Die weibliche Aktivbürgerin inszeniert sich gleich einer Prominenten aus der Gala, bei der täglich die Redaktion wegen einer Homestory anfragt. Fitnessstudios haben rund um die Uhr geöffnet und für nahezu jede Zielgruppe gibt es den entsprechenden Trainingstempel. Perfekt geformt, gestylt, gebräunt, gedopt und mit Superfood ernährt präsentiert man sich auf der Straße, beim Shoppen, im Wartezimmer beim Arzt und sogar an der Autowaschanlage am Samstagvormittag. Der Laufsteg beginnt direkt vor der Haustür. Das Leben gleicht einer Theateraufführung. Bewegungsfaulheit und Style-Verweigerung kommt einer Sünde gleich.

Gemütliche Phasen sind im Herbst und Winter eher erlaubt, wenn es draußen stürmt und schneit. Für die Liebhaber der langsameren Gangart optimale Jahreszeiten. Bikinifiguren werden unsichtbar und das Sixpack wird zum Bierkasten, was es ursprünglich einmal war. Bewahren Sie sich Ihre Gabe, regungslos auf dem Kanapee liegen zu bleiben, während draußen das Karussell aus Leistungsdruck, Eitelkeiten und politisch korrekten Verhaltensweisen durchdreht. Die Langsamkeit und die Seelenruhe haben Sie verinnerlicht. Das ist Ihr Pluspunkt angesichts der zunehmenden Geschwindigkeit in allen Lebensbereichen. Alle anderen, denen diese Gabe nicht mitgegeben wurde, ringen mühsam um Ruhe und Seelenfrieden, Entspannung und Entschleunigung. In Stressbewältigungsseminaren, Resilienzworkshops und Entspannungswochenenden versuchen sie, sich diese Fähigkeiten mit viel Aufwand und hohen Kosten anzueignen. Sollte Ihnen Ihre Gemütlichkeit ungesund erscheinen und Ihr Körper Warnsignale senden, die Ihnen Unbehagen bereiten, ist es ratsam, sich innerlich wie äußerlich zu bewegen, damit Sie nicht unbeweglich werden. Unbeweglichkeit ist etwas anderes als Bewegungsfaulheit.

Wer nicht in den Genuss gekommen ist, als Kind an andere sportliche Aktivitäten herangeführt worden zu sein, als gemeinsam mit der Familie bei der Sportschau auf dem Sofa zu sitzen, sollte einige Sportarten ausprobieren. Allein die Schnupperstunden sind es wert. Irgendetwas werden Sie finden, was Ihren Vorlieben entspricht. Nach zwölf Jahren Yoga überredete mich meine Schwester eine Schnupperstunde Life Kinetik [15] mitzumachen. Ihr zuliebe fuhr ich zehn Kilometer weit in ein Kampfsportstudio, wo Life Kinetik angeboten wurde. Meine Vorbehalte waren riesig. Als Yoga-Tante war ich eher geneigt, im gewohnten Yogastudio mit den gleichen Damen und demselben Yogalehrer jeden Montag die gleichen eingeübten Yogastellungen zu vollziehen. Nach der langen Zeit des Übens war klar, dass Yoga mein Ding ist.

Doch welch ein Glück, dass ich mich dazu bewegen ließ, etwas Neues zu probieren. Eine Stunde lang lachten, rannten, kicherten, balancierten wir und warfen uns Bälle mit Nummern zu. Wir hüpften einbeinig durch den Raum und trällerten parallel unsere Telefonnummern und Adressen. Die jüngste Teilnehmerin war 10 Jahre alt und der älteste 76. Restlos begeistert von der lustigen Sportstunde buchte ich sofort einen zehnwöchigen Kurs. Ziel von Life Kinetik ist die Verknüpfung von geistiger Aktivität mit körperlicher Bewegung. Dies fördert die Konzentration, den Gleichgewichtssinn und die Gedächtnisleistung, was durch wissenschaftliche Studien bewiesen wurde. Life Kinetik wird mittlerweile von Leistungssportlerinnen und -sportlern wie der Deutschen Ski- und Fußballnationalmannschaft im Training angewandt.

Behalten Sie Ihre Stärken und rücken Sie diejenigen Bewegungen in den Vordergrund, die Ihnen Lust und Freude bereiten. Bei all Ihren Aktivitäten kommt es nicht darauf an, wie hoch, wie weit oder wie schnell Sie sind. Allein die Freude zählt. Machen Sie den lebenslustigen Bewegungsraum für sich (erneut) ausfindig.

Wer sich nicht bewegt, wird bewegt

Wenn Lebensereignisse, wie Hochzeit, Geburt, Pubertät der Kinder, eigene Midlife-Krise, Trennung, Scheidung, Wechseljahre, Pflege der Eltern, Krankheit und Sterben im Lebenszyklus auftauchen, werden wir aus unserer Gemütlichkeitslethargie herausgeholt und gezwungen, uns zu bewegen – innerlich wie äußerlich. Egal ob wir vom Partner betrogen werden, vom Arbeitgeber gekündigt oder unser Körper uns mit deutlichen Signalen darauf hinweist, dass der Stillstand und das bisherige Verhalten nicht mehr stimmen. Wir werden von außen bewegt und wie mit unsichtbarer Hand geführt. Jede Störung im Lebensfluss kann zu einem Weckruf Ihrer Seele führen. Sie kann Sie mahnen, innezuhalten und die Lage detaillierter zu analysieren, als es der normale Hamsterrad-Alltag bisher erlaubte. In diesen Situationen seelisch stabil zu bleiben und sich die Lebenslust zu erhalten, ist eine große Aufgabe. Wir können sie meistern, wenn wir angemessene Anpassungsreaktionen entwickeln und selbstbestimmt die Neuausrichtungen aktiv mitgestalten.

In etlichen Einzelcoachings durfte ich Menschen begleiten, die beruflich gezwungen waren, sich den betrieblichen Veränderungen anzupassen, Ihr eigenes Verhalten zu überprüfen oder den Arbeitsplatz zu verlassen. Die Auslöser der Bewegungen von außen waren Kündigung, Erkrankung, Abteilungsauflösung, Vorgesetztenwechsel, organisatorische Entwicklungen, Konflikte am Arbeitsplatz bis hin zu Mobbing. Die meisten von ihnen hatten die Veränderungen nicht selbst herbeigeführt; im Nachhinein haben fast alle einen für sich guten Umgang mit der Situation gefunden und sie berichten, dass es ihnen heute besser gehe als vorher. Viele haben einen besseren Job gefunden, arbeiten in einem netteren Team, die Strukturen empfinden sie als angenehmer und sogar Opfer von Mobbing erzählen von einer Selbststärkung und Zunahme von Selbstbewusstsein durch die Erfahrung, die Krise bewältigt zu haben.

Sollten Ihnen Erschütterungen beruflicher oder persönlicher Natur psychisch zu schaffen machen, bedenken Sie, dass diese Ereignisse ein Hinweis auf die Notwendigkeit sein können, Ihre eigene Situation zu reflektieren und Ihre Lebensroute neu zu planen. Eigeninitiative und proaktives Handeln statt Bewegungslosigkeit sind die Strategien, um auf unserer Seelenwanderung zu bleiben und nicht zu stark abzudriften. Bis es wieder ruhiger wird in Ihrem Leben, wählen Sie sich eine passende Lebenslust-Haltung oder -Übung aus. Nehmen Sie die Sekunden, Minuten, Stunden der Lebenslust mit auf Ihre bewegte Reise. Jede Medaille hat zwei Seiten und alles geht vorbei. Halten Sie die Augen offen und das Herz frei.

Falls Sie sich längere Zeit psychisch verunsichert fühlen sollten, holen Sie sich Rat und professionelle Unterstützung in Form von Coaching, Supervision oder Psychotherapie.

Bewegung hilft beim Loslassen

Nach anstrengenden Arbeitstagen, ermüdenden Besprechungen und langweiligen Verabredungen steige ich auf mein Fahrrad und radele los. Ein Stück raus in Richtung Grünanlage, Park oder in den Wald. Mit jedem Pedaltritt lasse ich die Anstrengungen und Sorgen sinnbildlich los. Automatisch streifen sich die Gedanken von mir ab, je mehr Bäume und Grünzeug neben mir auftauchen. Der Geist kann in eine andere Richtung schweifen und die Bewegung hilft beim Loslassen. Zur Ordnung der Gedanken sind solche Touren bestens geeignet. Offene Fragen, was wer gesagt oder getan hat und wie ich dazu stehe, konnte ich häufig auf Fahrradtouren für mich klären und auf diese Weise etwas für meine Psychohygiene tun. Der Geist bekommt neue Impulse und Ideen.

Für Bewegungsfaule ist das Fahrrad ein guter Einstieg, da Sie selbst das Tempo bestimmen können. Von irre schnell bis faulpelzlangsam ist alles möglich.

Bequem sein und faule Tage genießen

Ihre Stärken kommen hier voll zum Tragen. Was die Hyperaktiven und Hamsterradler kaum aushalten, fällt Ihnen leicht. Sie tun genau das Richtige. Sie haben eine gute Haltung zu Stress und Druck im Arbeitsalltag und im Privatleben, der uns oftmals psychisch an unsere Grenzen bringen kann. Die Seele baumeln lassen, sich körperlich entspannen und den Geist beruhigen, das geht am besten an Tagen ohne Plan, ohne Vorhaben, ohne Termine. Bequem sein bedeutet, sich einen angenehmen Tag zu machen, die Dinge laufen lassen und sich dem Müßiggang hingeben. Jeden 10. August begeht man in den USA den National Lazy Day, den Tag des Faulpelzes. Haben Sie auch Lust auf einen Lazy Day?

Chill' dein Leben

Chillen geht über Faulsein hinaus. Eine geistige Haltung der Gelassenheit kommt zur körperlichen Trägheit hinzu. „Chill' dein Leben" hat mir vor einigen Jahren eine 16-Jährige gesagt. Ich horchte auf: War sie wirklich weise oder war das ein cooler Spruch? Chill' dein Leben ist die Aufforderung, das ganze Leben zu betrachten und nicht nur die kleine Tagesschau. Unter diesem Motto können alltägliche Problemchen und Missstimmungen in einer anderen Relation gesehen werden. Diese entspannte Affirmation kann zum richtigen Zeitpunkt zu einer gechillten Alltagshaltung beitragen. Sie können sich das Motto auf ein Schild malen und über Ihrer Wohnungs- oder Bürotür hängen.

Unterm Baum liegen

Im Freien auf einer Decke liegen und bei angenehmen Temperaturen durch die Äste eines Baumes in den Himmel schauen, durch die Blätter hindurch zu den Wolken blinzeln, die Kondensstreifen am Himmel zählen, den Flugzeugen sehnsuchtsvoll hinterherschauen und auf diese Weise den Körper entspannen, die Gedanken ziehen und den Blick schweifen lassen – das ist eine gute Sache für die Seele. Sie können sich der Entspannung von Körper, Geist und Seele im Schutze des Baumes voll und ganz hingeben. Eine gute Wirkung haben Rituale dieser Art, wenn Sie sich einen realen Baum aussuchen, den Sie öfter besuchen können. Allein die Erinnerung an den Himmelsblick entspannt Ihren Geist. In den verregneten und verschneiten Jahreszeiten ganz besonders.

1 Kilometer abschneiden

Falls Sie sich zu sportlichen Aktivitäten entschlossen haben und ein Fleißbildchen für Ihre Motivation brauchen, erlauben Sie sich, einen Kilometer abzuschneiden. So können Sie besser durchhalten, denn die Ziellinie winkt Ihnen schneller zu. Einen Kilometer und mehr abzuschneiden ist auch für alle suchtgefährdeten Aktivisten und Sportfanatikerinnen ein guter Tipp. Zu viel und zu wenig gilt es auszutarieren, und zwar jeden Tag neu, denn jeder Tag ist anders. Bei Aktivitäten aller Art ist die Mitte ratsam, damit Sie in Ihre Mitte kommen und dort verweilen können. Wo die Mitte liegt, bestimmen natürlich Sie.

Liebe Bewegungsfaule, lesen Sie entspannt weiter und lassen Sie sich von den folgenden Tipps für Aktive und Sportliche inspirieren und ermutigen. Bewegung tut auch der Seele gut. Es wurde wissenschaftlich untersucht, dass sich depressive Menschen psychisch besser fühlten, wenn sie eine andere Körperhaltung einnahmen und sich aufrichteten, anstatt mit hängendem Kopf herumzulaufen. Denken, Fühlen und der Körper sind neuronal gekoppelt.[16] Versuchen Sie immer wieder aufs Neue, in Bewegung zu kommen, bis Sie die richtige Art und Weise für sich selbst gefunden haben. Dann bleiben Sie automatisch beweglich. Denken Sie daran, innerlich und äußerlich in Bewegung zu bleiben. Stellen Sie sich bildlich vor, wie Ihre Lebenslust mit allen Sinnen und aus den Tiefen Ihrer Seele wie ein bewegliches Windspiel im sanften Sommerwind hin- und herschwingt.

LEBENSLUST FÜR AKTIVE UND SPORTLICHE

„Lebenslust ist, aus der Haustür raus in die Natur gehen. Ich wohn' ja im Paradies."

(Allgäuer Wirtin & Kräuterkundige)

Sportliche Aktivitäten machen den Kopf frei, eine gute Beziehung zum Körper und ein gesundes Körpergefühl können entstehen. Wir kommen in die Gegenwart, und die innere Distanz, die wir zum hektischen Alltagsgeschehen aufbauen, tut gut. Wer Spaß an seinem Sport hat, schüttet zudem Endorphine aus. Wer lange Zeit dabei ist, kennt das Gefühl, im Flow zu sein. Sport in der Gemeinschaft gibt uns ein Gefühl der Zugehörigkeit und der Identifikation mit einer Gruppe Gleichgesinnter. Und das beugt der Vereinzelung und Vereinsamung vor.

Als ich kürzlich mit meinem fitten Vater bei einer Vereinsversammlung am Tisch der Hochaltrigen saß, fragte ich sie, wie sie es geschafft haben, alt zu werden und gesund zu bleiben. Einstimmig erklärten mir die über 80-jährigen Damen und Herren sowie ein 95-Jähriger, Bewegung, Bewegung, Bewegung sei der Schlüssel ihrer Vitalität. Ihr Vereinsleben hatten sie in den Bergen in Wanderschuhen oder auf Skiern verbracht. Sie waren nicht alle kerngesund in diesem hohen Alter, doch als ich mich in der Runde umsah, blickte ich in

fröhliche Gesichter und die meisten waren schlank geblieben. Sie erzählten sich ihre Geschichten von damals vermutlich zum x-ten Mal, doch die Freude daran war ansteckend. Das Gedächtnis war nicht das Beste, so tat es sicher gut, die alten Geschichten wieder und wieder zu hören. Sie engagierten sich im Verein und ihre Kinder und Enkelkinder sind sportlich aktiv herangewachsen. Ich erinnere mich selbst an gemütliche Hüttenabende mit Gesang und gemeinsamen leckeren Essens- und Spielerunden. Wir stiegen stundenlang bergauf, fuhren bei schlechten Wetterbedingungen Ski und wanderten tagelang durch einsame Täler. An jedem Bächlein wurde ein Wasserrad gebastelt oder ein Staudamm aufgetürmt. Geschützte Pflanzen wurden gezählt und zugeordnet, die vorbeikommenden Tiere wurden identifiziert oder gestreichelt. Alle Arten von Beeren wurden gepflückt, Pilze und Steine gesammelt. Die Erfahrungen und Erlebnisse habe ich in guter Erinnerung behalten; selbst wenn ich als Kind häufig nicht begeistert reagierte auf die teils aberwitzigen Pläne der Erwachsenen, komme was wolle, loszuziehen. Schon schlechtes Wetter flößte mir als Kind Angst ein. Davon unbeirrt zogen sie mit uns los. Draußen sein galt als oberstes Prinzip, egal ob bei Nebel, Regen oder Schnee. Sogar nachts wurden wir Kinder mit Nachtwanderungen und Milch holen unterm Sternenhimmel bei Laune gehalten. Heute bin ich dankbar. Mir wurde früh und auf spielerische Weise gezeigt, wie viel Freude mir körperliche Bewegung und Sport sowie eine gute Verbindung zur Natur geben können. Von einer Art Grundfitness und einer hohen Affinität zu Bewegung profitiere ich noch heute.

Geschwindigkeit beflügelt die Seele

Als aktiver Mensch kennen Sie das Gefühl der Geschwindigkeit und steigen deshalb aufs Rad, aufs Mountainbike, auf die

Skier, aufs Snowboard, aufs Motorrad oder setzen sich in ein Segelboot. Lieben Sie es, wenn die Welt um Sie herum vorbeifliegt? Sich die Welt wie ein Schweif um Sie herumlegt? Genießen Sie den Rausch der Bewegung?

Geschwindigkeit kann pure Freude entfachen. Die Konzentration auf den Moment ist plötzlich da. Die rasante Schnelligkeit befördert uns in das Hier und Jetzt. Die Bewegung, das Streben nach vorne lässt alles Gewesene zurück. Der Wind bläst Ihnen um die Nase und Sie können den Eindruck gewinnen, Sie drehen sich schneller als die Erde. Durch die Geschwindigkeit gelingt es uns, unser Inneres anzuhalten, in unseren Fluss zu kommen und selbst das Tempo zu bestimmen. Das Einssein im Rausch der Geschwindigkeit zu fühlen, das ist großartig. Innerlich können Sie Ihre Flügel ausbreiten, juhu rufen und Ihre Freiheit fühlen – sie ist immer da, selbst wenn Ihnen das nicht in jedem Augenblick bewusst ist. Genießen Sie das Gefühl der Freiheit. Sie ist ein essentieller Teil für Ihre Lebenslust.

Sport, Sport, Sport ist auch keine Lösung

Zu viel wollen kann in das Gegenteil umschlagen und ungesund sein. Zu viel bei der Arbeit, in der Freizeit, bei der Ernährung, beim Ehrgeiz oder beim Konsumieren kann ein Grund sein, warum wir das Gleichgewicht verlieren. Nicht jeder, der aktiv und sportlich ist, ist automatisch gesund. Hier gibt es Grenzen: körperliche und seelische Grenzen, die sich durch Verletzungen, Unfälle und Schicksale zeigen können. Zu viel Geschwindigkeit kann tödlich sein, zu viel Gesundheitsvorsorge kann zu Dogmatismus führen und zu viel Sport zur Sucht werden. Sport als Ersatzbefriedigung kann physisch wie psychisch belasten. Sport kann zur Abwehrstrategie für seelische Anliegen werden. Verlassen Sie sich auf die Rückmeldungen aus Ihrer Familie und Ihrem Freundeskreis. Die Menschen, die Ihnen nahestehen, haben ein gutes Gespür, wie viel gut für Sie ist. Manches Mal merken Außenstehende früher als wir selbst, wenn wir aus der Balance gekommen sind. Genießen Sie die Geschwindigkeit, jedoch achten Sie beim Zieleinlauf darauf, Ihre Seele nachkommen zu lassen. Auf die Dosis kommt es an.

Wer ständig vorbeugt, kann sich nicht zurücklehnen

Mit sportlichen Ambitionen beugen Sie ungesunden Verhaltensweisen vor und die Menschen bewundern Sie für Ihre von innen kommende Motivation, aktiv zu bleiben. Ständig in der Vorbeugung zu leben, kann jedoch die Lebenslust beeinträchtigen. Der Druck im Sport und bei Gesundheitsmaßnahmen kann hoch werden. Bei den verschiedenen Ernährungsgewohnheiten wird dies sehr deutlich, wenn Veganer, Vegetarier, Fleischesser, Laktoseintolerante und Glutenfreie beispielsweise gemeinsam grillen wollen. Der Veganer möchte nicht, dass der Hähnchenschenkel sein Gemüse berührt und benötigt einen eigenen Grill. Der Fleischesser kommt mit seinem schlechten Gewissen wegen dem verursachten CO_2-Ausstoß der Rinder, die er verspeist, in Kontakt. Diejenigen, die alles Mögliche nicht vertragen, fühlen sich nicht gesehen, weil sie nur die Hälfte von dem essen können, was auf dem Buffet steht. Zu viel Vorbeugung kann zum Spaßverderber werden. Werfen Sie die absolute Strenge ab und verzeihen Sie sich selbst und Ihren Mitmenschen etwaige Ausrutscher.

Ich genieße ab und zu ein Cappuccino-Croissant-Frühstück, obwohl ich keine Milch und kein Gluten vertrage. Der Dogmatismus, mich streng an die Unverträglichkeitslisten zu halten, ist ungesünder, als das Frühstück im Café zu genießen. Diese Freiheit nehme ich mir, das ist meine Lebenslust. Bevor Sie vom zu häufigen und weiten Vorbeugen Rückenschmerzen bekommen, lehnen Sie sich lieber zurück!

Entspannt im Fluss bleiben

Für viele Sportler und Trainierte ist es ärgerlich, wenn sie durch eine Zwangspause aus dem Rhythmus geworfen werden und das mitunter hart antrainierte Fitnesslevel Stück für Stück den Bach runtergeht. Bleiben Sie entspannt, wenn es sportlich gerade mal nicht so rund läuft. Eine Unterbrechung des Trainings hat ihre gute Seite. Nehmen Sie es als Auszeit für Ihre Seele, und statt der Sporttasche können Sie Ihre Badetasche schnappen und einen Wellnessbadetag einbauen. Ihr Körper bestimmt Ihr Sportpensum und nicht Ihr Verstand. Der sieht sich bereits im Ziel angekommen und den Siegerpokal hochheben. Entspannte Pausen nimmt sich Ihr Körper durch alle Arten von Unterbrechungen Ihrer sportlichen Ambitionen. Im Fluss bleiben Sie, wenn Sie diese neue Ausrichtung annehmen und auf die Ereignisse schauen, die Sie dadurch geschenkt bekommen.

Wahrnehmen, was geht. Alles andere klein halten. Mit dieser Haltung verschwenden Sie wenig Energie an die Hindernisse und entspannen sich im ureigenen Lebensfluss.

Genügsamkeit statt Ehrgeiz

Bei allem löblichen sportlichen Ehrgeiz ist es wertvoll, die Mentalität der Genügsamkeit zu kultivieren. Als Altersvorsorge für Körper, Seele und Geist können wir mit der Haltung der Genügsamkeit behutsam unsere Grenzen achten. Früher oder später begrenzen unsere körperlichen Kräfte natürlicherweise die Reichweite unseres Bewegungsdrangs und Aktionsradius. Die Mentalität der Genügsamkeit kann dann beruhigend wirken. Falls Sie Ihre körperlichen Grenzen bereits gut kennen oder häufiger damit unfreiwillig konfrontiert waren, konnten Sie sich dieses wertvolle Erfahrungswissen bereits zu eigen machen. Wenn Sie noch ungehindert wild umherrennen, genießen Sie Ihre Kraft und Ausdauer und behalten Sie die Genügsamkeit im Hinterkopf.

SPIRITUELLES FÜR „ESOTERIKERINNEN UND ESOTERIKER"

„Lebenslust kann sich laut äußern und uns leise trösten, sie ist autark und losgelöst von Konventionen, plötzlich die unerwartete Wendung und eine Euphorie erklimmt die innere Welt."

(Ayurveda-Koch, 49 Jahre)

Als Esoterikerin bezeichnet zu werden, ist mir inzwischen egal. Viele Menschen benutzen dieses Etikett abwertend, vielleicht, weil sie tatsächlich Kontakt hatten zu Menschen mit überzogenen Haltungen, vielleicht aber auch, weil sie den Sinn des Glaubens und den Sinn des Lebens bisher nicht für sich entdecken können und sich von einem zugegebenermaßen unschön belegten Begriff abschrecken lassen. Angesichts einer ernsthaften Lebenskrise, beispielsweise die Konfrontation mit Krankheit, Trennung und Tod, kann sich die Skepsis und Ablehnung gegenüber spirituellen Fragen verändern und zu einer Öffnung gegenüber Sinnfragen führen.

Ob esoterisch, spirituell interessiert oder uninteressiert: Die psychischen Belastungen haben für uns alle zugenommen. Die Zunahme der Fehlzeiten wegen psychischer Störungen zeigt dies deutlich. Parallel ist eine Sensibilisierung für das Thema der seelischen Gesundheit in der gesamten Gesellschaft im Gange. Es ist an der Zeit. Der Gesetzgeber hat durch die Einführung der Psychischen Gefährdungsbeurteilung im Arbeitsschutzgesetz im Jahr 2014 auf die Entwicklungen reagiert. Arbeitsschutz wurde um die Dimension der psychischen Gesundheit erweitert und die Arbeitgeber stehen in der Pflicht, für die seelische Gesundheit Vorsorge zu tragen. Für die seelische Gesundheit zu sorgen ist nichts Befremdliches mehr, wie es allerdings manche Menschen immer noch glauben wollen.

Für Menschen, die in belastenden Berufen arbeiten, ist Psychohygiene unerlässlich, um gesund und arbeitsfähig zu bleiben und um die Arbeitsfreude und Lebenslust zu bewahren. Selbstfürsorge ist wesentlich, um gesund und munter zu bleiben. Seelische Belastungen entstehen nicht nur in Berufen, die emotional viel abverlangen und in denen psycho-soziale Arbeit sowie Beziehungsarbeit geleistet wird. In meinen Seminaren für Mitarbeitende aller Berufe und Unternehmensebenen äußern viele Teilnehmende einen Bedarf an Strategien für einen Umgang mit seelischem Unbehagen, psychischen Stresssymptomen und deren körperlichen Auswirkungen. Sie wünschen sich Entlastung, Entspannung und seelisches Wohlbefinden sowie einen Schutz ihrer psychischen Grenzen.

Eine Weile kann man versuchen, psychische Belastungen und Seelenschmerzen mit Chips, Bier, Schokolade oder anderen Suchtmitteln zu betäuben. Lange Zeit geht das scheinbar gut. Doch dabei benehmen wir uns wie ein Elefant im Porzellanladen: Wir trampeln über alle Symptome und Gefühlslagen hinweg. Irgendwann meldet sich das Körpergedächtnis und emotionale Belastungen zeigen sich in Form von Warnsignalen und Krankheiten. Sie zwingen uns zur Achtsamkeit, der Behandlung der Symptome sowie der zugrunde liegenden Auslöser und möglichen Ursachen. Bei rein körperlichen Beschwerden wie beispielsweise Schnupfen, Husten und Fieber gehen wir zum Arzt. Wenn es uns psychisch nicht gut geht, erstarren wir, anstatt uns Hilfe zu holen.

Ich bin dankbar für die Erfahrung einer Krebserkrankung, hat sie doch meiner persönlichen Entwicklung einen Schub gegeben und mir einiges bewusst gemacht. Die Konfrontation mit der Endlichkeit meines Lebens hat mich zu den tiefer liegenden Sinnfragen geführt. Wie kann es sein, dass ich am Leben bin, während drei meiner Freundinnen, die damals mit mir auf Reha-Kur waren, tot sind? Diese Frage ist nicht mit logischem Denken in Ursache-Wirkung-Ketten zu erklären. Auf keinen Fall mit medizinischen Verlaufsprognosen. Das Leben ist nicht bis zum Ende planbar. Es gibt etwas anderes. Diese Erfahrung und verinnerlichte Gewissheit ist in meiner Alltagshaltung die meiste Zeit anwesend. Heute fühle ich mich, als sei ich mit der Liebe der Göttinnen und der Götter, mit einem spirituellen Geist und meinen Helferinnen und Helfern von oben verbunden, und als werde ich von ihnen durch mein Leben mit allen Aufs und Abs geleitet.

Sollten sich Ihre Lebenswindungen heftig bewegen und sich in Form von Krankheiten, Krisen, Konflikten und sonstigen Herausforderungen zeigen, ist eine spirituelle Anbindung nach oben beruhigend. Spirituelle Übungen bestärken Ihren Glauben an das Geführtsein und wirken wie Freude- und Lustverstärker auf Ihre seelische Verfassung. Bleiben Sie agil und lebendig wie ein Hüpfball oder Gummiband – mit oder ohne Esoterik.

Psychohygiene ist die Seele putzen

Psychohygiene sollte selbstverständlich wie die tägliche Zahnhygiene werden. Ohne Psychohygiene ist psychische Stabilität in der modernen Welt und bei einem Leben unter Druck, Stress, Schnelligkeit sowie der Vielzahl von Informationen bei gleichzeitiger Vereinzelung nicht zu erhalten und zu erreichen. Die eigene Psyche hegen wie seinen Augapfel könnte als Bild dienen. Oder legen Sie etwa keinen Wert auf ein gepflegtes Inneres?

Viele Menschen berichten mir in den Stressbewältigungsseminaren von Ängsten, Unruhe, Unlust, Weinen, Verletzlichkeit, Selbstzweifel, Aggressionen, Wut, Gehetztsein, Sich-zerrissen-Fühlen, Gereiztsein und von deprimierenden Phasen bis hin zu Depressionen. Für den Umgang mit diesen Befindlichkeiten benötigen wir persönliche Kompetenzen, genauso wie wir uns die Fähigkeiten für den Umgang mit technischen Geräten, wie einem Smartphone oder einem Computer, angeeignet haben. Häufig wird die Annahme vertreten, die Zeit heile alle Wunden und wenn man nicht darüber spreche, gebe es keine Probleme. Seelische Signale wie Schlafstörungen, Gedankenspiralen, Müdigkeit, Erschöpfung, Verspannungen, Magendrücken, Kopf- und Rückenschmerzen werden nicht einfach so von der Zeit geheilt. Sie neigen zur Chronifizierung, wenn man nicht gegensteuert.

Statt in Ohnmacht und Hilflosigkeit zu erstarren, testen Sie die folgenden 5 Tipps zur Psychohygiene, um wieder Freude, Begeisterung und Lebenslust spüren zu können. Alternativ können Sie sich in den Lebenslust-Übungen auf einen Blick am Ende des Buches die für Sie passende Übung auswählen. Wer kreativ ist und sich selbst gut einschätzen kann, kann selbst Rituale abändern und erfinden. Legen Sie los, lassen Sie los und leben Sie los. Testen Sie so lange, bis Sie die besten Übungen für sich selbst gefunden haben. Ihre Seele und Ihre körperliche Gesundheit werden es Ihnen danken.

Je nach dem, um welche Art Belastung beziehungsweise um welchen inneren Konflikt es sich handelt, suchen Sie sich professionelle Beratung und therapeutische Hilfe. Suchen Sie so lange, bis Sie die für Sie richtige Person gefunden haben. Dies steht Ihnen zu wie ein Arztbesuch nach einem Beinbruch. Nehmen Sie die Angebote, die es gibt, in Anspruch.

LEBENSLUST-TIPPS:

5-MAL PSYCHOHYGIENE

TIPP ①

Malen Sie einen Kreis auf ein Blatt. Notieren Sie in den Kreis, welche Erfahrungen sie wertvoll finden und behalten wollen. Schreiben Sie außerhalb des Kreises auf, welche Erfahrung Sie symbolisch loslassen möchten und von welcher Sie sich abgrenzen möchten. Reißen Sie Ihren Schutzkreis aus. Verbrennen Sie das Äußere und behalten Sie das Innere.

TIPP ②
Legen Sie sich bequem hin und imaginieren Sie einen Regenbogen auf Ihren gesamten Körper. Atmen Sie die Farben des Regenbogens ein und aus, bis Sie sich energetisch gereinigt fühlen.

TIPP ③
Nach unangenehmen Begegnungen waschen Sie sich die Hände.

TIPP ④
Räuchern Sie Ihre Wohnung oder Ihren Arbeitsplatz. Öffnen Sie die Fenster und schalten Sie den Rauchmelder für diese Zeit aus. Zünden Sie getrocknete Salbeiblätter (in der Apotheke als Tee erhältlich oder selbst pflücken und trocknen) in einer feuerfesten Schale an und fächern Sie den Rauch in jede Ecke des Raumes. Sprechen Sie laut aus, welche Geister den Raum verlassen sollen und was Sie ausräuchern möchten.

TIPP ⑤
Zum Schutz vor unangenehmen Personen beziehungsweise Situationen ziehen Sie sich präventiv rote Kleidung an, binden Sie sich einen roten Schal um den Hals oder tragen Sie eine rote Tasche mit sich. Die Farbe Rot schützt vor energetischen Angriffen und Sie bleiben unbeschadet.

Selbstfürsorge – sich selbst hegen und pflegen

Für sich selbst sorgen, das haben die wenigsten von der Kinderstube an gelernt. Als Unterrichtsfach kommt es in den Lehrplänen der Schulen nicht vor. Schade! Wenn wir annähernd so viel Aufmerksamkeit in unsere Selbstfürsorge investieren würden wie in die Verwaltung unseres Eigentums, unseres Fuhrparks oder in die Ablage der Versicherungsunterlagen, wäre viel für unsere psychische Gesundheit getan. Diese Art der Vorsorge wäre für die Krankenkassen und Sozialversicherungsträger kostenlos.

Selbstfürsorge ist mehr als ein Wellnesswochenende und ein Treffen mit Freundinnen und Freunden einmal im Jahr. Selbstfürsorge ist ein kontinuierliches, langfristiges und ganzheitliches Hegen und Pflegen von Körper, Geist und Seele unter Berücksichtigung aller Lebenseinflüsse. Für das eigene Wohlbefinden genügen eine gesunde Ernährung und ein hohes Sportpensum allein nicht. Wir benötigen soziale Beziehungen und das Gefühl, in einer Gemeinschaft aufgehoben zu sein, ebenso wie einen nachsichtigen und fürsorglichen Umgang mit uns selbst. Alle unsere Lebensbereiche benötigen eine stete und gute Pflege und Versorgung. Sich selbst hegen und pflegen verlangt, die Details einzubeziehen und zu beachten. Eine gute Selbstwahrnehmung ist dabei hilfreich. Spüren Sie nach, was Ihnen hilft, sich wohlzufühlen, und welche Bedürfnisse Sie haben, auf allen Ebenen Ihres Daseins: körperlich, seelisch und sozial. Auf diese Weise können Sie für deren Befriedigung und Erfüllung sorgen. Nehmen Sie sich selbst ernst und schätzen Sie sich selbst wert. Tragen Sie für sich selbst Sorge, dass Sie insgesamt ein gutes Leben haben können und alles weglassen und hinter sich lassen können, was nicht dazu beiträgt.

Wer für sich selbst diese Haltung der Selbstfürsorge erreicht hat, kann nicht mehr dahinter zurückfallen. Eine gelungene Selbstfürsorge ist eine unumkehrbare persönliche Transformation. Geben Sie sich nicht mit weniger zufrieden. Ich tue es nicht!

Im eigenen Leben den roten Faden sehen

Als ich vor einigen Jahren beruflich in einer Sackgasse steckte und mich einige Leute fragten, warum ich erneut meine Arbeitsstelle verlassen hatte, fragte ich mich selbst, wohin meine berufliche Entwicklung eigentlich führen sollte. Ich besuchte ein Seminar zur Klärung meiner beruflichen Anliegen. Wir sollten unseren Lebenslauf von der Geburt an bis zum jetzigen Zeitpunkt mit Schul- und Ausbildungsabschlüssen und allen beruflichen Stationen und Erfahrungen aufmalen und beschreiben. Ich war der Annahme, einen Zickzack-Lebenslauf vollzogen zu haben und erst mit der Sichtbarmachung meiner beruflichen Lebenslinie erkannte ich den roten Faden, der sich durch alle Stationen zog. Oftmals kam ich in Abteilungen und Teams, in denen Konflikte und verkrustete Organisationsstrukturen spürbar waren. Zunächst verschärften sich die Missstimmungen und Unklarheiten, um sich dann nach anstrengenden Wochen und Monaten aufzulösen. Manchmal schien es mir, dass allein meine Anwesenheit wie ein Beschleuniger hin zu mehr Klarheit wirkte. Zugegeben, ich gehöre eher zu den Personen, die die Dinge klar ansprechen beziehungsweise denen es schwerfällt, einfach so zu tun, als wäre nichts. Teams formierten sich neu, Leitungspersonen wechselten oder ganze Abteilungen wurden umstrukturiert. Am Anfang meiner beruflichen Laufbahn dachte ich noch, ich passe nicht in die jeweiligen Unternehmen, weil ich die Konflikte nur schwer aushielt. So wechselte ich häufiger meine Arbeitsstellen auf der Suche nach einer passenden Organisation. Erst später erkannte ich den roten Faden und meine Fähigkeit, die Unklarheiten deutlich erkennen zu können und gleichzeitig den Beteiligten ein unerschütterliches Vertrauen für die notwendigen Veränderungen zu vermitteln. Ich erkannte auch mein Talent, die verschiedensten Bedürfnisse aller Beteiligten erkennen und vereinen zu können, und zwar unabhängig davon, bei welchem Arbeitgeber ich das tat.

Mein roter Faden führte mich zu Selbstverantwortung bis hin zu meiner beruflichen Selbständigkeit. Durch die Erfahrungen im sozialen Bereich, in Wirtschaftsunternehmen, bei Bildungseinrichtungen, an Hochschulen und Universitäten sowie in Behörden eignete ich mir einen großen Erfahrungsschatz für den Umgang mit den verschiedenen Organisationsformen an, der heute in meinen Beratungen, Seminaren, Coachings und Lehraufträgen nützlich ist. Den eigenen roten Faden zu sehen, ist eine beruhigende Erfahrung, erkannte ich doch, ich bin auf dem besten Weg für mich.

Fragen Sie sich ab und an, welcher rote Faden sich durch Ihr Leben zieht? Welcher Berufung Ihre Seele folgt? Welche Linie sich beispielsweise beruflich zeigt und welche persönlichen Entwicklungen aufeinander aufbauen? Menschen, die an einschneidenden Lebensstationen Innenschau halten, reflexive Seminare oder Psychotherapie, Coaching oder Supervision besucht haben, wissen vermutlich schon einiges über ihren roten Faden.

Haben Sie noch keine befriedigende Antwort gefunden, könnte die Lebensfaden-Übung erhellend sein. Der Lebensfaden bringt den roten Faden ans Licht. Sie können den Lebensfaden für private, persönliche und berufliche Fragen erstellen, um Klarheit zu erhalten. Schauen Sie sich Ihre Stärken und die erreichten Meilensteine wertschätzend an. Sie werden erkennen, nichts geschieht einfach so und war umsonst.

LEBENSLUST-ÜBUNG:

LEBENSFADEN

Malen Sie auf ein großes Blatt Papier zunächst den Startpunkt „Meine Geburt" ein und zeichnen Sie die wichtigen Stationen wie beispielsweise Kindergarten, Wohnorte, Schulen, Ausbildungen, Umzüge, berufliche Stationen, private Entwicklungen, Fortbildungen und alle sonstigen Lebensereignisse chronologisch ein, die für Sie von Bedeutung sind oder waren. Verbinden Sie alles mit einer Linie. Schreiben Sie die Namen von Personen und Institutionen hinzu. Malen Sie Symbole oder kleben Sie Fotos hinein. Schmücken Sie den Lebensfaden mehr oder weniger aus, je nachdem, welcher Typ Sie sind. Betrachten Sie das Bild.

Sie können einige Tage abwarten, eine Ihnen vertraute Person darauf schauen lassen oder jemand Professionelles um ein Feedback bitten. Diese Übung ist für Situationen gut geeignet, in denen Sie sich Klarheit über zukünftige Entwicklungen oder bei Entscheidungen wünschen. Zur Sichtbarmachung Ihrer persönlichen Entwicklung, Ihres beruflichen Weges sowie zur Verdeutlichung Ihrer Stärken und erreichter Ziele.

Selbstheilung

Unser Verstand steht der Selbstheilung oftmals im Weg. Er bringt dem Körper und seinen Signalen als Wegweiser zur Heilung der Seele wenig Vertrauen entgegen. Seelische Entwicklungen gehen ihren Weg unbeirrt. Die Wege der Selbstheilung und ihr Verlauf übersteigen die Vorstellungskraft unseres rationalen Verstandes. Selbstheilung ist mehr als Gesundheit und Wohlbefinden. Seelische Prozesse zeigen sich in emotionalen Signalen und in körperlichen Anzeichen. Der Mediziner, die Ärztin, der Heilpraktiker, die Homöopathin und viele andere Therapeuten unterstützen uns bei der Heilung. Die Heilung an sich vollziehen wir aus uns selbst heraus. Im Grunde heilen wir jede Krankheit selbst. Das ist nicht nur bei Spontan- und Wunderheilungen der Fall. Erst rückblickend können wir unsere Körpersignale einordnen und versuchen zu verstehen, welche Bedeutung sie für unser Leben haben. Zum Zeitpunkt der Beeinträchtigungen ist dies nicht möglich, vor allem wenn wir unter körperlichen oder seelischen Schmerzen leiden. Bei Kindern sieht man Krankheiten oftmals als Vorboten oder Signale für den Eintritt in eine neue Entwicklungsphase an. Warum sollten Krankheiten bei Erwachsenen nicht die gleiche Bedeutung haben? Krankheiten und Symptome sind Seelenupdates.

Für die Heilung der Seele können Sie aktiv etwas tun. Beobachten Sie Ihren Geist, halten Sie ihn möglichst frei von den Dingen, die Ihnen nicht guttun. Achten Sie auf Ihre körperliche Fitness und Beweglichkeit. Gönnen Sie sich Momente, Auszeiten und Phasen für Ihre Seelentherapie. Egal, was es ist, Sie werden es deutlich merken, wenn Sie sich nicht nur körperlich und geistig, sondern auch psychisch und seelisch entspannt, heiter und gelassen fühlen. Wer einmal, zweimal, mehrmals, regelmäßig auf sich selbst und seine Lebenslust achtet und sich dessen bewusst bleibt, dass der Rest des

Lebens jeden Tag beginnt, lernt das Erreichte wertzuschätzen, die Gesundheit mit anderen Augen zu sehen und bleibt mit Begeisterung in dieser Haltung.

Wie wäre es, wenn sich alle Frauen, Männer, Kinder, Jugendliche, Seniorinnen und Senioren, die sich psychisch erschöpft, ausgebrannt fühlen und denen die Lebenslust abhandengekommen ist, Stopp sagen würden und sich gemeinsam zum Innehalten und Anhalten verabreden würden? Eine Art Flashmob für die Seele. Kollektiv würde sichtbar, wie vielen Menschen es nicht mehr gut geht und wie viele an einem Leben und Arbeiten leiden, das zu rasant und zu dicht geworden ist. Weltweit könnten wir einen solchen Flashmob des Innehaltens einführen und der Seele eine Auszeit schenken im globalen Wettbewerb. Es würde ein deutliches Signal aufleuchten, wie es um unsere Psyche und unsere Seele steht.

Die Natur als Freundin

Mein Balkon ist klein und schmal. Auf den wenigen Metern der Balkonumrandung zaubere ich von Frühjahr bis in den Oktober hinein eine grüne Mini-Oase. Jeden Morgen trete ich verschlafen im Nachthemd hinaus, schaue nach dem Wetter und der selbst aus Samen gezüchteten Prachtwinde, den Schmuckkörbchen, dem Sonnenhut, der Ringelblume, dem Lavendel, dem Oleander und dem Edelweiß. Während der Blütezeit erblicke ich ein buntes Blütenmeer mitten in der Stadt und erfreue mich täglich daran. Verwelkte Blumenköpfe zupfe ich ab und stecke, bevor ich mich meinen morgendlichen Ritualen widme, einmal meinen Finger in die Erde. Das erdet im wahrsten Sinne des Wortes. Mit Freundinnen schicke ich mir Fotos hin und her und wir bestaunen die Wachstumsfortschritte und Blühergebnisse gegenseitig. Das

Glücksempfinden, die Natur als Freundin zu haben, kann der kleinste Pflanztopf bis hin zum Besuch eines Nationalparks in den Alpen oder den Vereinigten Staaten auslösen.

Meine Leidenschaft für die Natur habe ich von meinem Vater geerbt. Er freut sich aus vollem Herzen, wenn er draußen unterwegs ist und sitzt in der Sonne, sobald sie scheint. Er werkelt, gärtnert, pflückt, weckt Gurken ein, kocht Marmelade und tauscht sein Gemüse in einem kleinen Laden in der Stadt gegen ein Mittagessen ein. Er radelt, läuft und kraxelt draußen herum. Wie man mit Lebenslust in der Natur fit und fröhlich bleiben kann, kann ich mir von ihm abschauen. Manchmal habe ich den Eindruck, er lebt ein Schamanenleben. Als ich vor einigen Jahren schamanische Seminare besuchte und um Heilung für meine Krebserkrankung erbat, wurde mir klar, welch guten Draht ich zu Mutter Erde, Vater Sonne und insgesamt zur Natur bereits hatte. Ich erkannte, von wem ich die Verbindung zur Natur vermittelt bekommen habe.

LEBENSLUST-ÜBUNG:

EINEN BAUM UMARMEN

Selbst wenn es kitschig klingt, einen Baum zu umarmen, ist eine wunderbare Erfahrung. Die Verbindung mit der Natur und Mutter Erde können Sie körperlich erleben und wenn Sie dem Baum zuhören oder ihn etwas fragen, können Sie sogar Antworten erhalten. Seien Sie getrost mal kitschig, tun Sie es.

Mutter Erde würdigen und sich mit ihr verbinden

Jedes Jahr legt die Organisation Global Footprint Network [17] den Erdüberlastungstag fest. Sie macht mit dem Datum sichtbar, an welchem Tag des Jahres die Menschheit die Ressourcen der Erde für das gesamte Jahr verbraucht hat. 1993 war der Erdüberlastungstag am 21. Oktober. Zwanzig Jahre später haben wir die Ressourcen der Erde für dieses Jahr bereits am 20. August erschöpft. Der Earth Overshoot Day führt uns vor Augen, dass wir mehr natürliche Vorräte aufbrauchen, als nachwachsen können. Buchhalterisch ausgedrückt, übersteigen die Ausgaben die Einnahmen bei Weitem.

Haben Sie sich einmal bei der Mutter Erde bedankt? Sich mit ihr bewusst verbunden? Setzen Sie sich auf eine Wiese oder eine Bank und blicken Sie auf die Erde vor Ihnen und schauen Sie sich die Gräser an. Machen Sie sich bewusst, dass Sie auf dem Planeten Erde sitzen. Jeder Grashalm, jedes Lebewesen, jede Pflanze, jedes Tier, jeder Stein lebt von ihr. Wir leben von ihr. Stellen Sie sich vor, wie Sie sich innerlich mit der Erde verbinden. Ein Band oder ein Strahl führt von Ihrem Herzen in das Innere der Erde. Bedanken Sie sich für alles, was sie Ihnen schenkt und möglich macht. Unser gesamtes Leben ist nur durch Mutter Erde möglich.

Meditieren und beten

Das Wort Lebenslust weckt Assoziationen an fröhliche Menschen, die sich im Wasser planschend der Sommerlaune hingeben. Still und leise Lebenslust zu empfinden, ist eine Variante, die vor dem inneren Auge nicht sofort auftaucht.

Gläubige finden ihre Lebenszufriedenheit im Gebet. Menschen, die regelmäßig meditieren, berichten von innerer Freude und Gelassenheit. Meditieren kann viele Formen annehmen. Von der Sitzmeditation mit geschlossenen Augen bis hin zu bewegten Formen wie Thai-Chi, Qi Gong und Yoga.

Meditieren kann man allein zu Hause, in der Natur oder in Gemeinschaft in einem Meditationszentrum. Regelmäßige Meditation verbessert Selbstwahrnehmung, Achtsamkeit und innere Flexibilität hinsichtlich unserer Reaktionsmuster in Stresssituationen. Gefühlter Stress kann durch meditative Übungen abgebaut werden und unsere Gedanken, Emotionen und unser Körpergefühl positiv beeinflussen. Die Hirnforschung konnte diese Wirkungen wissenschaftlich belegen.[18] Die Krankenkassen übernehmen die Kosten für meditative Entspannungsverfahren. Die Gehirnströme in ruhiges Fahrwasser zu navigieren, beruhigt nicht nur den Geist und entspannt uns körperlich, sondern bringt uns den ersehnten Seelenfrieden.

LEBENSLUST-RITUALE FÜR KÖRPER UND GEIST

„Singen ist Lebenslust und Musik ist wie Liebe machen, ein Geben und Nehmen zwischen dem Publikum und mir."

(Jazzsängerin und Erzieherin, 51 Jahre)

Körper und Geist beeinflussen sich gegenseitig. Die geistige Haltung ist am körperlichen Wohlbefinden maßgeblich beteiligt und umgekehrt sind wir guter Stimmung, wenn wir uns in unserem Körper wohlfühlen. Bleiben Sie unabhängig von allen Optimierungstipps und betrachten Sie Körper und Geist als eine Einheit sowie vor allem als empfindsame Wesen und legen Sie schützend Ihre Hände auf beide. Sie sind keine Maschinen und können weder mechanisch, elektronisch noch digital repariert werden.

Mit einfach anwendbaren Tipps und Ritualen können Sie die gesundheitlichen Aspekte im Zusammenspiel von Körper, Seele und Geist positiv erleben und praktisch erfahren. Alle guten Dinge sind drei. Ihre Lebenslust gedeiht am besten in diesem Dreiklang.

LEBENSLUST-ÜBUNG:

3-MAL UNTERTAUCHEN

Für die Heilung von Körper, Seele und Geist liebe ich das Ritual dreimal hintereinander mit dem Kopf unter Wasser zu tauchen, sei es im Badesee, im Pool, im Bergfluss, im Meer oder auch in der Badewanne, wenn an ein Bad im Freien nicht zu denken ist. Beim ersten Tauchgang unter die Wasseroberfläche wünschen Sie sich „Gesundheit für den Körper", beim zweiten „Gesundheit für den Geist" und beim dritten Mal „Gesundheit für die Seele". Machen Sie sich dieses Ritual zu eigen, wenn Sie gerne schwimmen und eine Wasserratte sind. Die Wirkung entfaltet sich in der konstanten Anwendung. Rituale, die Sie laufend anwenden, entfalten eine beruhigende Wirkung auf Ihr Innerstes, Ihren Geist und Ihre Emotionen. Sie stärken Ihr Vertrauen in das Leben und die göttliche Führung.

Unter der Dusche die Seele reinigen

Zuhören können wird gemeinhin als besondere Stärke wertgeschätzt, dennoch treffen wir auf Personen und erleben wir Situationen, in denen es besser gewesen wäre, das Thema zu wechseln und sich zu verabschieden. Das ist nicht immer höflich und das gelingt nicht immer. Sind die Anliegen einmal ausgesprochen und haben wir ihre Bedeutung erfasst, wird das Ausmaß, worum es sich bei der Geschichte handelt oder bei dem Erlebten dreht, erst klar: Beschreibungen aus dem Jammertal, eine Beschwerde als Endlosschleife oder die Leier von dem Nachbarn vom Freund der Tante. Wir alle kennen das Gefühl der Schwere nach solch ermüdenden Gesprächen. Trotz der erhöhten Wachsamkeit gelangen Gegebenheiten und Informationen dieser Art von Zeit zu Zeit in meine geistige Aura und blitzlichtartig befinde ich mich inmitten des geistigen Ergusses meines Gegenübers. Regelmäßig vergehen mehrere Minuten, bis ich realisiere, was gerade passiert und dass ich als geistige und emotionale Abladestelle fungiere. Unruhe, Ungeduld und Fluchtgedanken machen sich als Anzeichen des Unwohlseins in mir breit.

Wie können wir mit solchen Gesprächserfahrungen umgehen? Mit höflichen Floskeln und erfundenen Begründungen kommen Sie zwar räumlich und körperlich aus der Gesprächssituation heraus. Wenn aber die dramatischen Erzählungen und schauerlichen Berichte Eingang in Ihren Geist gefunden haben, können Sie zusätzlich mit einem Reinigungsritual für Erleichterung sorgen.

Im Grunde ist es egal, welcher Art von Belastung Sie ausgesetzt waren, um Ihre geistig-seelische Unversehrtheit wieder herzustellen, ist es heilsam, dass Sie ins Handeln kommen und nicht in der Starre verharren. Durch einen aktiven Umgang mit derartigen Erlebnissen sorgen Sie gut für sich und Ihre psychische Reinheit und Klarheit. Der seelisch-geistige Ballast wird entsorgt und Lebensfreude und Lust können wieder gedeihen.

LEBENSLUST-ÜBUNG:

WASSERFALL

Imaginieren Sie die Reise zum Wasserfall unter der Dusche. Als Trockenübung ist die Wasserfallreinigung vor dem inneren Auge anwendbar. Treffen Sie in der Natur auf einen Wasserfall, stellen Sie sich unter den heilsamen Strom. Auf grandiose Weise reinigt das herabfließende, nieselnde oder prasselnde Wasser Ihren Körper, Ihren Geist und Ihre Seele in einem Aufguss.

Schließen Sie die Augen und atmen Sie ein paarmal ein und aus. Stellen Sie sich vor, Sie gehen in einem wunderschönen Wald spazieren. Sie hören die Vögel zwitschern, Sie riechen das satte Grün der Bäume und Pflanzen, Sie spüren den weichen Waldboden unter den Füßen. Sie sehen ein Reh vorbeihuschen und Ihren Weg kreuzen. Sie entdecken einen Bach am Wegesrand. Sie gehen den Weg am Bach entlang und gelangen zu einem See inmitten des Waldes. Es ist ein sonniger Tag. Sie schauen sich um, ziehen Ihre Schuhe aus und testen das Wasser des Sees mit Ihren Füßen. Das Wasser ist warm. Sie sind beschützt an diesem Ort. Sie entdecken am Seeufer einen Wasserfall und beschließen, ein Bad zu nehmen. Sie ziehen Ihre Kleider aus und steigen in den Waldsee hinein. Das Wasser ist flach und Sie waten entspannt in Richtung des Wasserfalls. Je näher Sie kommen, desto samtiger fühlen Sie den Wasserdunst auf Ihrer Haut. Sie stellen sich unter den Wasserfall, der sanft in den Waldsee plätschert und behutsam von Kopf bis Fuß auf Sie herabrieselt. Sie bemerken, wie mit jedem Moment, den Sie unter dem Wasserstrom stehen, Ihre Gedanken gereinigt sowie Anstrengungen und Sorgen vom fließenden Wasser weggespült werden. Der Wasserfall hat eine heilsame und entspannende Wirkung auf Ihre Gedanken und Ihren Geist. Sie fühlen sich von Moment zu Moment frischer. Sie verspüren eine körperliche Leichtigkeit. Eine geistige Klarheit stellt sich ein.

Beschwingt gehen Sie zu Ihren Kleidern am Seeufer zurück. Sie steigen aus dem Wasser und Ihre Haut trocknet schnell an der Luft. Sie ziehen sich an. Sie verabschieden sich von diesem Ort und sagen Danke. Gehen Sie den Weg zurück am Bach entlang zum Ausgangspunkt der Reise. Atmen Sie tief ein und aus – mehrmals. Wenn Sie so weit sind, kommen Sie zurück und öffnen Sie die Augen.

Heilung der Seele ist mehr als ein gesunder Körper

Mit meiner optimistischen Haltung, stets auf der sonnigen Seite zu bleiben und in allen Ereignissen einen Sinn erkennen zu wollen, bin ich überzeugt, dass die Menschen, die vor mir aus dem Erdenleben geschieden sind, geheilt waren. Ihre Seele hat sich für dieses Leben in diesem Körper entschieden und die Lebensenergie genügte bis zu dem Zeitpunkt des körperlichen Ablebens. Der Mensch ist seinen Lebensweg gegangen und hat seine Aufgaben erfüllt. Mehr hat sich die Seele in diesem Leben nicht vorgenommen und deshalb war nicht mehr vorgesehen. Die Seele lebt weiter. Deshalb haben wir das Fenster geöffnet, als meine Mutter gestorben ist. Das ist die Art von seelischer Selbstheilung, an die ich glaube. Täte ich es nicht, wäre ich verzweifelt. Mit dieser Vorstellung kann ich die Wege der Menschen, die vor mir gegangen sind, respektieren und in Liebe annehmen.

Die Heilung der Seele geht über einen gesunden Körper, dessen Form wir in diesem Leben angenommen haben, hinaus. Der Körper stirbt, die Seele entschwindet und lebt weiter.

Tatendrang im Haushalt

Reinigungsrituale einmal anders betrachtet: putzen, schrubben, saugen, polieren, scheuern, aufräumen, wischen, ausmisten, spülen und abtrocknen gehören unbedingt in den Werkzeugkoffer lebenslustiger Menschen. Bei diesen Betätigungen können Sie sich richtig austoben und der schlechten Laune mit dem Putzlappen oder Wischmopp einen Fußtritt verpassen.

Entsorgen Sie Ärger und andere unangenehme Gefühle gemeinsam mit den alten Klamotten im Altkleidercontainer oder mit dem Sperrmüll auf dem Wertstoffhof. Abspülen wärmt nicht nur die Hände nach einem Winterspaziergang. Mit jeder selbst erzeugten Seifenblase können wir uns überlegen, welche geistige Luftblase wir platzen lassen wollen. Staubsaugen bei Heavy-Metall-Musik bringt die Powerenergie zurück. Abstauben und Polieren können als sanfte Streicheleinheiten auf unser Nervenkostüm wohltuend wirken. Tatendrang im Haushalt hält fit. Unter den Tisch, in kleine Ecken oder enge Räume hineinzukriechen, hält beweglich wie Yoga üben. Ganz zu schweigen von der Autopflege. Mit der Wasserlanze kann alles Ungute und Angestaute sowie der gesamte Gedankenmüll der vergangenen Wochen weggespült werden. Jede nächste Programmwahl vertieft den Reinigungseffekt. Stundenlanges Polieren des Autos mit dem Microfasertuch kann in einen Reinigungsrausch versetzen. Sollte Ihnen das zu viel Aktivität sein, lehnen Sie sich bei der Fahrt durch die Autowaschanlage entspannt zurück und schauen Sie zu, wie alles wie von Zauberhand weggewaschen, getrocknet und poliert wird.

Sehen Sie die Hausarbeit und die Autopflege in einem völlig anderen Licht. Sie kann eine neue Wirkung entfalten und Spaß machen.

Flohmarkt für den Geist

Wer sich tiefer gehende Entlastung wünscht und in die Leichtigkeit zurückkehren möchte, der kann den eigenen Besitz und die häusliche Umgebung materiell entlasten. Geistige und seelische Belastungen können sich in Dingen, Gegenständen, Sachen und Waren aller Art materiell manifestieren. Welche Sachen benötigen Sie nicht mehr in Ihrem Zimmer, Ihrer Wohnung, im Haus, im Garten, in der Garage, im Keller und im Dachboden? Lagern Sie etwa noch Gegenstände in Ihrem elterlichen Kinderzimmer? Haben Sie womöglich Möbel oder Unrat bei Freunden ausgelagert? Halsen Sie sich so wenig wie möglich an materiellem Ballast auf. Hat er keine positive Wirkung auf Sie, wird er nicht regelmäßig verwendet und bringt er keine Freude, dann entsorgen Sie ihn. Behalten Sie Ihre Erinnerungs- oder Lieblingsstücke und minimieren sie die leblosen Sachen. Verschenken Sie nicht mehr benötigte Sachen. Fragen Sie im Freundeskreis, wer was haben möchte, oder melden Sie sich für den nächsten Hinterhof- oder Straßenflohmarkt an. Ein Verkaufstag macht Spaß und mit einem leeren Auto zurückzukehren, fühlt sich gut an. Außerdem haben Sie einen netten Tag mit der Kundschaft verbracht und Geld eingenommen. Das nicht Verkaufte fahren Sie am nächsten Tag ins Sozialkaufhaus, so kehrt nichts zurück in Ihre aufgeräumte Atmosphäre und beansprucht nie mehr Ihre Aufmerksamkeit.

In manchen Stadtgärten gibt es beispielsweise Bücherschränke. Der kostenlose Buchtausch ist nachhaltig – nicht nur für die Umwelt – sondern auch für unseren Geist. Materielles Entsorgen fördert das geistige und emotionale Loslassen.

Im silbernen See schwimmen

Der silberne See kann ein Fluss, das Meer, ein Baggersee, ein Bergsee oder Ihr eigener Schwimmteich sein. Suchen Sie sich eine warme Vollmondnacht zum Schwimmen aus. Legen Sie Ihre Kleidung an der Stelle am Ufer ab, von wo aus Sie die Wasseroberfläche überblicken können. Beobachten Sie das Glitzern des Nachthimmels und wie sich die Sterne und der Mond auf der Wasseroberfläche küssen. Steigen Sie hinein und schwimmen Sie durch den silbernen See der Lebenslust hindurch. Atmen Sie das Glitzern tief ein in Ihren eigenen Seelensee. Fühlen Sie sich verbunden mit den Elementen und geborgen zwischen Himmel und Erde. Ein unvergessliches Schwimmerleben, das zu einem spirituellen Erlebnis werden kann.

Schlafen, ruhen, still sitzen

Jede freie Minute ist es wert, sich still hinzusetzen und zu ruhen oder zu schlafen. Ruhen finde ich besonders schön. Früher hieß es „Die Oma und der Opa ruhen gerade". Eine Art kleiner Mittagsschlaf, den sie angezogen auf dem Sofa verbrachten. Viele sagen, sie können sich nicht hinlegen, sonst stehen sie nicht mehr auf und schlafen zwei Stunden durch. Ruhen könnte die Alternative sein. Man kann auch im Sitzen ruhen.

Wofür ausreichend Schlaf gut ist, ist klar. Falls Sie diesbezüglich Schwierigkeiten haben sollten und Sie unter Schlafmangel leiden, fragen Sie sich, wie lange Sie sich das bereits antun und wie lange Sie das weiter durchhalten möchten. Wer treibt Sie dazu an? Was lässt Sie nicht zur Ruhe kommen? Auf Dauer zu wenig Schlaf ist beschwerlich und verbraucht mehr Lebensenergie, als Sie neu schöpfen können.

Mitmenschen, die im Kino bereits nach fünf Minuten Film einschlafen oder im Theater neben mir wegdösen, nehme ich nicht mehr mit. Diesen Zeitgenossen sehe ich es an, woher die Müdigkeit stammt. Mit erschöpften Hamsterradfahrern und Tretmühlenstramplern, die gähnend vor mir sitzen, macht mir eine Verabredung keinen Spaß. Diese Art von Schlappheit und Erschöpftsein sollte zu Hause auskuriert werden.

LEBENSLUST IM LANGWEILIGEN (ALL-)TAG

„Lebenslust ist alles, was ich tue. Wenn sie fehlt, höre ich sofort auf damit."

(Geschäftsführer Haustechnik, 46 Jahre)

Jeden Tag das gleiche Programm abspulen, ermüdet die Lebensgeister. Unser Hirn verödet und das Belohnungszentrum fordert Abwechslung. Die Begeisterung ist abhandengekommen. Unser Körper ist schlapp und träge. Der langweilige Alltag fühlt sich wie das endlose Stehen an der roten Ampel an. Es wird und wird nicht grün. Bleiben Sie gelassen und halten Sie bewusst still. Die langweilige Pause ist eine gute Chance zu verschnaufen und innerlich ruhig zu werden. Der erschöpfte Lebensgarten und ein Arbeitsalltag unter Zeitdruck sind kein Nährboden für lebendige Impulse. Die lange Weile dagegen kann sich zum Nährboden für neue Energie wandeln. Impulse und Ideen können dem gleichmäßig ablaufenden Alltag und der ermüdenden Routine heraus entspringen, wenn wir die Pause eine Zeit lang bewusst ertragen. Lebenslust und Begeisterung werden aus der langen Weile heraus geboren. Plötzlich springt das Licht auf Grün und eine Idee taucht auf. Die innere Freude schießt wie ein Wasserstrahl aus dem Springbrunnen in den Himmel. Die Langeweile kann Ihnen Geschenke und Überraschungen bescheren. Hurra, die lange Weile ist da.

Mit Begeisterung den Tag begrüßen

Gelingt es Ihnen jeden Tag begeistert zu empfangen? Einen Tag in der Woche mit einem positiven Gefühl zu begrüßen? Welcher Tag in der Woche ist Ihr Lieblingstag? Erinnern Sie sich an die Tage, an denen Sie angenehm überrascht worden sind? Begrüßen Sie so viele Tage wie möglich mit Begeisterung. Gestalten Sie jeden Tag bewusst so, dass Sie Lust haben aufzustehen und sich auf ihn freuen. Organisieren Sie begeisternde Kleinigkeiten, schöne Überraschungen und Geschenke an sich selbst. Schauen Sie auf das Gute, Schöne und Erfrischende, alles andere ignorieren Sie möglichst und wenden keine Energie dafür auf. Bleiben Sie in der Begeisterung und Vorfreude und jeder Tag wird zu Ihrem Lieblingstag. Es kann auch eine Lieblingswoche oder Lieblingszeit sein. Vorfreude ist die beste Freude, heißt es, aber was ist mit dem Heute? Begeisterung ist die beste Lebenslust, würde ich sagen. Auf alle Fälle ist sie die beste Therapie für unser psychisches Wohlgefühl und seelisches Glücksempfinden.

LEBENSLUST-ÜBUNG:

MORGENRITUAL

Mit wiederkehrenden Ritualen am Morgen starten wir begeistert in den Tag. Für dieses Ritual ist eine kleine Anschaffung nötig, Sie benötigen ein Kartendeck, beispielsweise „Schutzengel Impulse"[19]. Es gibt viele andere Kartenthemen, wählen Sie selbst Ihr Lieblingsdeck. Morgens nach dem Aufstehen oder bevor Sie das Haus verlassen, ziehen Sie eine Karte aus dem Kartendeck. Der fröhlich stimmende Impuls begleitet Sie durch den ganzen Tag. Mischen Sie die Karten täglich neu. Alle, die in Ihrem Haushalt leben, und auch alle Besucherinnen und Besucher dürfen eine Karte ziehen.

Beobachten und wertschätzen

Beobachten Sie Ihre Tagesroutinen, Ihre Gedanken und Ihre Gefühle aus einer wertschätzenden Position heraus. Loben Sie die Menschen in Ihrer unmittelbaren Umgebung und sprechen Sie Ihre Wahrnehmungen aus. Die Wertschätzung dessen, was wir haben, bereichert die scheinbar langweiligen Zeiten in unserem Leben auf wundervolle Weise. Betonen Sie die Details im vermeintlich langweiligen Alltag und heben Sie sie positiv heraus. Auf diese Weise verstärken Sie das Gute und Ihr Alltag wird zum Fundus für Komplimente und wohltuende Kontakte. Das ist niemals selbstverständlich.

Überraschungen erfinden

Geistige Unterforderung – auch Boreout genannt – sowie emotionale Leere können genauso ungesund und belastend sein wie das Gefühl der Überforderung und permanenter Zeitdruck. Wo Rationalität, Kontrolle und Funktionsdruck vorherrschen, sind Überraschungen willkommene Gefühlsverstärker für Begeisterung, Entdeckerfreude, Hoffnung und Zuversicht. Überraschungen können kreative Anstöße sein und die Zusammenarbeit sowie den Zusammenhalt untereinander verbessern. In Lebens- und Arbeitsphasen, in denen die Abwechslung fehlt, erhöhen Sie die Überraschungsmomente mit einem spontanen Weißwurstfrühstück, einer Grillparty, einem mitgebrachten Kuchen, Blumengeschenken oder was auch immer zu Ihren persönlichen Lieblingsritualen gehört. Als Erfinderin oder Erfinder der Überraschung wird nicht nur Ihre eigene Gestaltungslust quicklebendig, sondern auch in Ihrer Zielgruppe der Überraschten steigt die Glückshormonausschüttung. Weihnachten und Geburtstage können Sie jeden Tag ausrufen. Erfreuen Sie sich an den staunenden Gesichtern und einer ausgelassenen Stimmung.

Lebenslust statt Arbeitsfrust

Gehen Sie morgens gern aus dem Haus? Mögen Sie Ihre Arbeit? Lieben Sie, was Sie tun? Erfüllen Sie Ihre Tagesaufgaben? Oder schleppen Sie sich täglich irgendwo hin und quälen sich durch einen Tagesablauf, der Ihnen eigentlich nicht passt und den Sie nur aufrechterhalten, weil Sie von Existenzängsten heimgesucht werden?

Die Haltung „Love it, change it or leave it" macht deutlich, was zu tun ist. Nehmen Sie Einfluss auf Ihre Arbeitsbedingungen und Ihre berufliche Entfaltung. Sollten Sie bereits einiges ausprobiert haben und Veränderungen nicht möglich sein, haben Sie die Wahl, ob Sie die für Sie ungute Situation verlassen. Überwiegen die Vorteile des Bleibens, dann ist Ihre Entscheidung klar. Sind die Nachteile in der Überzahl und möchten Sie Ihre gesunde Ausgeglichenheit schützen, verlassen Sie das aus Ihrer Sicht ungesunde Gewässer und suchen Sie sich einen neuen Ankerplatz. Langfristiges Aussitzen kann Ihre psychische und körperliche Gesundheit gefährden und jede Lebenslust ersticken. Chronischer Frust kann als Leuchtboje verstanden werden, die Sie daran erinnern will, den bisherigen Hafen zu verlassen. Selbst wenn Ihnen die Sichtweise „Love it, change it or leave it" als vereinfachend erscheint, segeln Sie weiter – dorthin, wo Freude und Liebe auf Sie warten. Die klassische Arbeitsbiografie mit einer jahrzehntelangen Zugehörigkeit zu einem Arbeitgeber oder einer Unternehmensgruppe ist längst ein Auslaufmodell. Lebensläufe dürfen bunter, vielfältiger und zufälliger sein und sie dürfen sich der persönlichen Entwicklung anpassen. Das Leben ist keine Generalprobe.

Im Überfluss sein und leben

Geld, materielles Streben oder die Verwirklichung von diesem oder jenem, interessiert Ihre Seele nicht. Der Überfluss, der Ihre Seele gesund und munter erhält, ist eine sprudelnde Lebensquelle, aus der Ihre Gefühle und Emotionen strömen, eine tief empfundene Zufriedenheit fließt, nahe und liebevolle Beziehungen zu anderen gelebt werden, eine achtsame Selbstfürsorge an den Tag gelegt wird und ein körperliches Wohlbefinden fühlbar ist. Das sind die Zutaten für einen Überfluss, der die Seele samt und seidig macht, nicht mehr und nicht weniger. Als Unterstützung des Gefühls, im Überfluss zu sein und zu leben, können Sie sich jeden Tag die Affirmation

„Ich bin und lebe im Überfluss" vorsagen und vorstellen. Jede ersehnte und angestrebte Lebensweise und Lebenshaltung beginnt mit der Idee im Kopf. Von hier aus können Sie sich in die gewünschte Richtung lenken. Das ist der Anfang eines Lebens in einem für die Seele gesunden Überfluss.

MIT KINDER-AUGEN DURCH DIE WELT SPAZIEREN

„Ich möchte mir die Neugierde auf Dinge und Erfahrungen bewahren. Wenn ich das im Alltagstrott verliere, geht die Lebenslust verloren."

(Masterstudentin, 24 Jahre)

Kinder lachen und freuen sich fünfzig- bis hundertmal am Tag. Sie freuen sich über die kleinste Kleinigkeit, sie gehen ohne Angst auf einen Hund zu und streicheln ihn. Sie steigen mutig auf Stühle und Tische und sie blicken in jede Ecke hinein, hinter Zäune und Mauern, wenn sie ein Geräusch gehört haben. Sie erkunden die Welt mit allen Sinnen. Ihr Drang unentwegt zu lernen und auszuprobieren ist einzigartig. Auf diese spielerische Weise entsteht die Grundlage für all ihre Fähigkeiten, Fertigkeiten und ihre intuitive Wahrnehmung. Die Gehirnzellen pulsieren unentwegt und bauen neue Verschachtelungen auf.

Begeben Sie sich auf eine kindliche Entdeckungsreise ohne Limit durch Zeit, Erfolg und Ergebnisse. Kommen Sie von Zeit zu Zeit in die Kinderrolle zurück und sehen Sie die Welt mit Kinderaugen. Holen Sie Ihr inneres Kind hervor und pflegen Sie Ihr Kindsein. Kindern und Enkelkindern zuzuschauen ist großes Kino. Schauen Sie sich Kinderfilme an, gehen Sie in die Puppenkiste, hüpfen Sie im Sommer vom Fünfmeter-Sprungbrett in den See, gehen Sie nachts schwimmen oder sammeln Sie beim Spazierengehen Steine, Hölzer, Kastanien, Blumen, Kräuter und was Sie sonst entdecken. Das können Sie sich immer wieder gönnen. Erwachsene, die das tun, werden oft als kindisch bezeichnet. Wundern Sie sich nicht darüber und ignorieren Sie es einfach. Freuen Sie sich lieber daran, wie die Welt durch Ihre Kinderaugen aussieht. Offenheit, Entdeckerfreude und Gestaltungslust halten innerlich jung, gesund, geistig flexibel und führen dazu, dass Sie in Ihrem Handeln elastisch bleiben.

Da ich selbst und meine Schwestern keine Kinder haben, können wir unsere kindliche Seite nur mit Alibikindern ausleben. Geliehene Kinder, mit denen wir durch den Zoo streifen oder ins Kinderkino gehen, sind nur sporadisch vorhanden. Wir nehmen das Ausleben unserer kindlichen Seite selbst in die Hand und pflegen eine Kultur kindlicher Spontaneität und Entdeckerfreude. Jedes Jahr gehen wir in das Weihnachtstheaterstück. Urmel aus dem Eis, die kleine Hexe und der kleine Vampir haben wir staunend genossen. Gerade um die Weihnachtszeit tut es der Seele gut, sich mit niedlichen, märchenhaften, lausbubengerechten und prinzessinnenhaften Geschichten zu umgeben und die Seele in der dunklen Zeit zu erhellen. In der Zeit der inneren Einkehr werden automatisch Bilder und Erinnerungen an die Kindheitstage wachgerufen. Die gefühlsbetonte Atmosphäre ist wunderbar, um sich von wohltuenden Stimmungen einhüllen zu lassen.

Glückliche Kindheitsgefühle für die Seele entdecken, bewahren und erleben, einfach so, ohne großen Aufwand. Lebenslust fängt ganz klein an.

Neugierig bleiben

Neugierde und Offenheit ermöglichen es Ihnen, gewohnte Bahnen zu verlassen und neue Reviere zu erkunden. Im realen Leben ebenso wie im Wegenetz unseres Gehirns. Neue Erfahrungen sind die Voraussetzung für die Aktivität der Hirnströme und die Verschaltung der Hirnzellen. Interessieren Sie sich für Neues? Beschäftigen Sie sich bewusst mit innovativen Ideen? Probieren Sie Neues aus? Verbringen Sie mal mit einer Kollegin oder einem Kollegen die Mittagspause, mit der oder dem Sie noch nie unterwegs waren. Schauen Sie einen Film, der gar nicht Ihr Genre ist. Gehen Sie in die Oper, obwohl Sie an sich mit klassischer Musik nichts am Hut haben. Füllen Sie die Tagesordnung und die Freizeitaktivitäten mit neuen Programmpunkten.

Die Fähigkeit und Bereitschaft, sich auf neue Situationen und Menschen sowie Gruppen und Anforderungen einstellen zu können, ist eine Stärke. Sie erleichtert es, sich unfreiwilligen Veränderungen im Leben und neuen Gegebenheiten anzupassen beziehungsweise sie zu bewältigen. Kultivieren Sie eine gesunde Neugierde und Offenheit. Der Weg zurück in das Bewährte ist immer frei.

Staunen lernen

Als Kinder sind wir staunend durch die Welt gelaufen, weil noch nichts in die zahllosen Bewertungsschubladen gestopft war, wir noch gar keine Schubladen für dies und jenes hatten. Uns Erwachsenen würde es gut zu Gesicht stehen, mit einem staunenden Blick, statt der gewohnten Bewertungshaltung durch die Welt zu spazieren. Keine Frage, unsere Einordnungen geben uns Orientierung und das Bekannte verleiht uns Stabilität. Zu viele und zu kleine Schubladen verengen allerdings den Blick für positive Überraschungen und für mögliche Chancen. Gelingt es Ihnen, statt mit dem üblichen Schubladendenken in schwarz und weiß neutral zu reagieren, wenn Ihnen Ungewöhnliches begegnet? Können Sie seltsame Erfahrungen staunend nehmen, wie sie sind? Kinder verlernen diese Sichtweise erst in der Schule. Anstatt die Dinge als gut oder schlecht zu bewerten und menschliches Verhalten mit richtig oder falsch zu etikettieren, und auf diese Weise Menschen abzuwerten, um uns selbst besser zu fühlen, wünsche ich mir staunend in die Welt zu schauen. Ich möchte öfter die inneren Schubladen geschlossen halten und der Versuchung widerstehen, alles bewerten und einordnen zu wollen. Ich arbeite daran, mir diese Haltung zurückzuerobern. Die Haltung des neutralen Staunens, der Akzeptanz und des Respekts, wenn uns Außergewöhnliches, Andersartiges und Exotisches über den Weg läuft, kann entspannen und uns gelassener werden lassen. Mit dieser Haltung gelänge selbst das Loslassen besser, anstatt sich in Abwertungen zu verstricken und emotional negative Stimmungen zu verbreiten. Wir würden über Seltsames staunen und darüber lachen können.

Überwinden Sie Ihre engen Wahrnehmungsmuster und entspannen Sie sich in einer rein staunenden Haltung. Verabreichen Sie sich vor allem auch bei unangenehmen Irritationen der Ordnungsraster in Ihrem Verstand eine Dosis der Milde und Nachsicht. Die Welt durch staunende Kinderaugen zu betrachten, das versetzt uns in eine sanfte Großzügigkeit. Nach dem Staunen können wir in fröhliches Gelächter verfallen und das Leben weiter genießen.

A bisserl Schmarrn muss sein

Im Hochsommer auf dem See das Schlauchboot umdrehen und darauf balancieren, ohne ins Wasser zu plumpsen, danach sehne ich mich, wenn mir die Lebenslust abhandengekommen ist und ich die Leichtigkeit des Seins vermisse. Erinnern Sie sich an die Albernheiten aus Ihrer Kinder- und Jugendzeit? Albern sein verkörpert den Zustand geistiger und körperlicher Ausgelassenheit. Der Kaspar im Kopf ist los und die Seele schmunzelt vor sich hin. Holen Sie sich dieses alberne Lachen zurück. Bauen Sie sich Ihre Lieblingsalbernheiten in Ihren Alltag ein. Stillen Sie Ihre Sehnsucht nach Ausgelassenheit durch „a bisserl an Schmarrn". Mit dieser Aufforderung hat mir ein Jugendlicher vor einigen Sommern zugezwinkert, als er mit seiner Freundin auf der Luftmatratze herumalberte.

Sich was trauen und vertrauen

Stellen Sie sich vor, Sie laufen einen Tag lang im Prinzessinnenkostüm oder in Star-Wars-Klamotten herum? Kinder schlüpfen in andere, neue, geliebte Rollen und leben diese aus. Sich verkleiden, jemand anders sein, neue Haltungen testen, macht ungemein viel Freude. Das Ausweiten Ihrer Rollenmuster ist nicht verrückt, sondern eröffnet Ihnen Handlungsoptionen sowie neue Spielräume für Ihr Handeln. Es erweitert Ihr Selbstbild um wertvolle Nuancen. Sollten Sie verkleidet in der Fußgängerzone oder am Dorfplatz angesprochen werden, ob mit Ihnen alles okay sei, können Sie behaupten, sie befänden sich in einer Kunstaktion.

Mutiger werden

Oft wünsche ich mir, mutiger zu sein. Sei es in Gesprächssituationen, über die ich mich im Nachhinein aufrege. Sei es, wenn ich jemanden bewundere und ich es versäumt habe, sie oder ihn darauf anzusprechen. Sei es, wenn ich etwas nicht tue, weil ich mir Gedanken mache, wie es bei den anderen ankommt. Mutiger werden kann hilfreich dafür sein, sich selbst auszudrücken und zu entfalten.

Während meiner Studienzeit habe ich mit Freundinnen und Freunden ein Experiment ausprobiert, an das ich mit Verwunderung zurückdenke und das mich erinnert, mutig zu bleiben. Wir haben in unserer Wohngemeinschaft zur Mottoparty „Geschlechtertausch" eingeladen und die Männer gebeten, sich als Frauen und die Frauen gebeten, sich als Männer zu verkleiden. Feministinnen wurden zu Machos und Männer zu Tunten in Strapsen, deren weibliche Seiten man bisher nie zu Gesicht bekam. Die Party deckte unbekannte Facetten in uns auf. Selbst das Verständnis für verfestigtes Rollenverhalten wurde uns bewusst und wie schwer es ist, sich anders zu verhalten. Ein lustiges Motto und eine spannende Sozialstudie zugleich.

Neue Seiten in Ihnen selbst entdecken und in unbekannte Rollen zu schlüpfen macht ungeheuer viel Spaß. Sie können ausprobieren, welche Persönlichkeitsanteile in Ihnen schlummern, die sonst wenig zum Vorschein kommen dürfen. Ein überraschendes Rollenspiel mit Freundinnen und Freunden. Lebenslust ist garantiert.

LEBENSLUST-ÜBUNG:

ROLLENTAUSCH

Sich verkleiden, bis die Klamotten zur Gefühlslage und zum gewünschten Rollenbild passen, das tun Mädchen und Frauen täglich gerne. Überlegen Sie, bei welcher Gelegenheit Sie in eine andere oder neue Rolle schlüpfen könnten und sich entsprechend verkleiden wollen. Außerhalb der Karnevalsaison versteht sich. Eine lustige Gelegenheit, neue Rollen zu testen und sich selbst anders zu erfahren, ist eine Mottoparty zu veranstalten. Für lebenslustige Menschen ist der „Geschlechtertausch" ein ausgezeichnetes Motto.

SICH SELBST VERFÜHREN UND BEGEISTERN

„Sein eigenes Leben mögen, ist für mich Lebenslust."

(Sozialpädagogin, 24 Jahre)

Die eigene Entfaltung und persönliche Weiterentwicklung ermöglichen und sich selbst stärken ist eine wesentliche Gesundheitsstrategie für die Seele, den Körper und den Geist. Eine gute Beziehung zu sich selbst zu pflegen ist jederzeit möglich und kostet nichts. Die meisten von uns sind ständig im Außen bei den anderen und mit der Anhäufung und Pflege von materiellen Dingen beschäftigt. Die Zeit, die wir mit uns selbst verbringen, wird immer kürzer und seltener. Freizeit, Familie, Sport, Haus, Garten, Auto, Urlaub, fast alles ist mit ständigem Tun und materiellem Konsum verbunden. Für die Seele und die eigene Stärkung bleibt wenig Raum. Wer seelisch gesund und heil bleiben möchte, sollte sich Zeit für die Selbstreflexion und die persönliche Entfaltung nehmen.

Einige in meinem beruflichen und privaten Umfeld erzählen, sie würden täglich meditieren, sich mittags immer eine halbe Stunde im Büro hinlegen und einen Mittagsschlaf machen. Diese Zeit für sich sei ihnen wichtig und sie könnten mit diesen Strategien ihren Job und den Alltag gelassen und gut bewältigen.

Wenn Sie sich selbst freudig spüren, kommen Sie in die Lebenslust und strahlen diese aus. Das Pflänzchen in Ihrem Inneren wächst nach außen. Es sollte gepflegt, gegossen, gedüngt und mit Musik, Licht und Liebe versorgt werden, damit es gedeihen kann. Ermutigen Sie sich selbst, alles dafür zu tun, um eine gute Beziehung zu sich selbst aufzubauen und beständig zu pflegen. Bestärken Sie sich darin, sich selbst zu verführen und zu begeistern.

Eigene Ansprüche runterschrauben

An einem Beispiel aus meiner Seminarpraxis möchte ich verdeutlichen, mit welchen Resultaten Sie rechnen dürfen, wenn Sie die eigenen Ansprüche weit herunterschrauben, und wie einfach und kostenfrei Sie mit dieser Haltung in die Lebenslust kommen können.

Jährlich leite ich Fortbildungen für Lehrerinnen und Lehrer in Bayern. Bei meiner ersten Veranstaltung an der Lehrerakademie führte ich eine meiner Lieblingsübungen durch. Vierzig Lehrerinnen saßen sich zu zweit gegenüber und schauten sich in die Augen. Als ich sie aufforderte, sie sollten ein Portrait der ihnen gegenüber sitzenden Person malen – ohne auf das Blatt zu schauen – stöhnten sie auf. „Hilfe, ich kann nicht malen", „Oh Gott, malen" und „Ich entschuldige mich jetzt schon bei dir für das Bild" tönte es durch den Raum. Ihre hohen Ansprüche an Perfektion, das Bestreben, gute Ergebnisse zu erzielen, und der Gedanke „Was denkt die andere über mich, wenn ich nicht schön malen kann" waren deutlich spürbar – in fast vierzigfacher Ausführung. Auf mein Kommando malten sie zaghaft los. Nach einigen Sekunden merkten sie, angestachelt durch das Lachen einiger weniger, dass sie die ganze Malerei lustig nehmen können. Einige ließen ihre Antreiber hinter sich und ignorierten die strenge innere Lehrerstimme. Es wurde immer lustiger, weil sich immer mehr Frauen vom Glucksen der anderen anstecken ließen. Der ganze Saal bebte schier vor Gelächter. Am Ende lachten sich vierzig Lehrerinnen kaputt, weil sie es geschafft hatten, etwas ohne Anspruch, ohne Ziel und ohne Kopfsteuerung zu tun. Die anschließende Vernissage der teils picassoartigen Portraits war äußerst witzig. Sie versuchten zu erraten, wer wer ist.

Probieren Sie es aus, sollten Sie einen Kindergeburtstag, eine Familienfeier oder ein Seminar vorbereiten. Je mehr Personen mitmachen, desto lustiger kann es werden. Diese Übung ist der Brüller und lässt die eigenen hohen Ansprüche in den Keller purzeln.

LEBENSLUST-ÜBUNG:

BLIND MALEN

Für diese Übung zum Fallenlassen hoher Ansprüche an sich selbst ist es gut, wenn mindestens sechs Personen mitmachen. Die Teilnehmenden setzen sich zu zweit gegenüber. Jede Person erhält ein Blatt Papier in DIN-A4-Größe, eine Schreibunterlage und einen dicken Edding-Stift. Fordern Sie die Teilnehmenden auf, sich ins Gesicht zu schauen: „Malen Sie ein Bild Ihres Gegenübers, ohne auf Ihr Blatt zu schauen. Los geht's." Beobachten Sie die Reaktionen und Einwände. Sind alle mit dem Bild fertig, können sich die Teilnehmenden ihre Portraits zeigen und gegenseitig schenken. Fragen Sie, was sie bei Ihrem Kommando empfunden und gedacht haben. Schauen Sie sich gemeinsam in der Runde Ihre Werke an und tauschen Sie sich über eigene Ansprüche und mögliche Antreiber aus.

Erlauben Sie sich alles

Der Satz „Ich erlaube mir alles" fand vor einigen Jahren den Weg zu mir. Regelmäßig besuchte ich eine Gruppe für Frauen mit Krebs. Wir trafen uns unter Anleitung einer Psychoonkologin zum Austausch über die gemachten Erfahrungen und bevorstehenden Schritte. Oftmals ging es bei den Treffen um anstehende Entscheidungen. Während einer Krebsbehandlung sind häufig Entscheidungen zu treffen, die nicht einfach sind. Angelika, die Leiterin, hat mit uns eine Methode zur Entscheidungsfindung entwickelt, an die ich mich sehr gerne zurückerinnere. Sie breitete zwei Decken im Innenraum des Sitzkreises aus. Eine Decke symbolisierte die Bedenken gegen die Entscheidung, die andere Decke war die „Ich erlaube mir alles"-Seite. Mit der jeweiligen Frage stellte ich mich auf die Bedenken-Decke und sammelte alle Argumente, die dagegen sprachen. Anschließend stellte ich mich auf die Erlaubnis-Decke. Alle Frauen beteiligten sich rege beim Sammeln der Für- und Wider-Perspektiven. Eine Klärung kam rasch zustande und sehr oft standen wir auf der Erlaubnis-Decke und lachten uns kaputt über die absurdesten Ideen, was wir uns selbst alles erlauben könnten. Diese Übung ermöglicht Klarheit über innere Verbote und mögliche Erlaubnisse.

Das Umdeuten innerer Überzeugungen, die uns schaden, weil wir sie strikt befolgen und sie uns keine Wahl lassen, uns anders, vielleicht für uns gesünder, zu verhalten, ist ein langfristiger Lern- und Entfaltungsprozess. Nur wenigen Menschen gelingt es beispielsweise mit beiden Händen zu schreiben, sich die Zähne mit der ungeübten Hand zu putzen und beidhändig gleichwertig feinmotorisch zu agieren. Einmal Rechtshänder, immer Rechtshänder, und andersherum. Mit den Antreibern im Kopf verhält es sich auf ähnliche Weise. Damit sie weniger laut zu uns sprechen und aufhören, uns unter Druck zu setzen, benötigen die inneren Erlaubnisse Achtsamkeit. Damit sie wachsen und gedeihen, brauchen sie fortwährendes Gehör und eine starke Ermutigung. Probieren Sie aus, mit der anderen Hand zu schreiben oder sich die Zähne zu putzen oder falsch herum aufs Rad zu steigen. Es dauert eine Weile, bis sich die neuen Bahnen im Gehirn gebildet haben und die Handlungsabläufe automatisiert geschehen können.

Passend zu Ihren individuellen Glaubenssätzen, wie sie unter Das Leben genießen beschrieben sind, können Erlaubnissätze die Brücke zur Lebenslust sein. Bitte seien Sie für die Herausbildung der Erlaubnissätze geduldig und liebevoll mit sich selbst. Rufen Sie sich Ihre Antreibersätze ins Gedächtnis und suchen Sie sich zu jedem Ihrer Glaubenssätze passende Erlaubnissätze heraus oder formulieren Sie selbst welche. Wählen Sie intuitiv Erlaubnissätze aus, die Ihnen gefallen. Vertrauen Sie Ihren Impulsen und Ihrer Wahrnehmung. Das, was Sie anspricht, ist jetzt passend. Die Erlaubnistipps begleiten Sie auf Ihrem Weg dahin, liebevoller, nachsichtiger und verständnisvoller mit sich selbst umzugehen. Der innere Druck darf weniger und die äußere Gelassenheit mehr werden.

Das arabische Sprichwort „Geduld und Humor sind zwei Kamele, mit denen man durch jede Wüste kommt" ist eine gute Haltung für die Selbstentfaltung bei neuen Vorhaben, persönlichen Entwicklungszielen und Veränderungswünschen hinsichtlich des eigenen Verhaltens.

LEBENSLUST-ÜBUNG:

ERLAUBNISBRIEF

SCHRITT ①

Lesen Sie die folgenden Erlaubnis-Mantras langsam und laut vor und achten Sie darauf, welche Erlaubnis Ihnen gut gefällt und Sie anspricht. Wählen Sie sich einen oder mehrere Erlaubnissätze aus. Sie können eigene Formulierungen vornehmen oder die vorgegebenen Ihren Vorlieben anpassen. Achten Sie darauf, sich keine neuen Befehlssätze zu verabreichen. Also nicht „Ich sollte, ich muss, ich bemühe mich...".

SCHRITT ②

Schreiben Sie einen Brief an sich selbst mit der Anrede „Liebe ..., bisher musstest du ...". Fügen Sie an dieser Stelle Ihre Antreibersätze und Ihre Ich-muss-Sätze ein bzw. diejenigen Gedanken, die Sie unter Druck setzen und Stress bereiten. Zählen Sie alles auf, was Ihnen einfällt.

SCHRITT ③

Fahren Sie fort mit „Ab sofort erlaube ich mir..." und vervollständigen Sie den Brief mit den von Ihnen gewählten Erlaubnissätzen oder selbst formulierten Lebenslustwünschen. Tragen Sie den Brief bei sich, legen Sie ihn auf Ihren Nachttisch oder an einen exponierten Ort in Ihrer Wohnung, im Auto oder in Ihrer Tasche.
Das Erlaubnis-Mantra kann die Neuformatierung Ihrer Festplatte im Gehirn manifestieren. Die Sätze in Klammern sind die dazugehörigen Antreiber.

ERLAUBNIS-MANTRAS:

Ich bin, wie ich bin. / Ich darf offen, spontan und humorvoll mein Leben gestalten, wie es mir guttut.
(Du musst perfekt sein.)

Ich lasse mir Zeit, so viel ich benötige. / Ich nehme Rücksicht auf mein Tempo und meine Bedürfnisse.
(Du musst dich beeilen.)

Meine Arbeit darf mir Spaß machen. / Alles, was ich tue, ist wertvoll, besonders, wenn es mir leicht von der Hand geht.
(Du musst dich anstrengen und hart arbeiten.)

Ich erlaube mir, andere um Hilfe zu bitten und die Unterstützung anzunehmen. / Ich darf die Zusammenarbeit genießen.
(Du musst alles alleine schaffen.)

Ich bin eine liebenswerte Frau. / Ich zeige mein Frausein in allen meinen Facetten, die zu mir gehören.
(Du bist nur eine Frau.)

Ich stehe zu meinen Gefühlen und darf sie zeigen und ausleben. / Ich bin ein Mann mit Stärken und Schwächen.
(Du bist ein Mann, sei stark. Ein Indianer kennt keinen Schmerz.)

Ich bin kraftvoll und gleichzeitig nehme ich meine Bedürfnisse nach Anlehnung und Beschütztwerden-Wollen wahr. / Ich stehe zu mir.
(Du musst stark und unabhängig sein.)

Ich sehe die Herausforderungen und lasse die Verantwortung bei den Personen, zu denen sie gehören. / Ich bin für mich selbst zuständig.
(Du musst alle Probleme lösen.)

Ich tue und lasse, was ich für richtig halte.
(Du musst den anderen gefallen.)

Halten Sie nach weiteren Erlaubnissätzen Ausschau. Lassen Sie Ihrer Phantasie freien Lauf. Schnappen Sie schöne Sätze auf oder bitten Sie Freundinnen und Freunde, Ihnen ein neues Leitmotiv zu reimen. Hier gelingt die Neuausrichtung hin zu einem entspannteren Leben, Arbeiten und Dasein auf spielerische Weise.

Genießen ohne Stoppschild

Mit den Erlaubnissätzen dürfte Ihnen das Genießen ohne Stoppschild leichter gelingen. Befreien Sie sich von den noch verbliebenen gedanklichen Schranken und hüpfen Sie dem Genuss entgegen. Stellen Sie sich vor, wie Sie an Ihrem Lieblingsort bei Ihrem Lieblingswetter allein oder mit Ihren Lieblingsmenschen das Leben genießen und kein Stoppschild weit und breit in Sicht ist. Alle und alles um Sie herum freuen sich mit Ihnen. Ihr Verstand ist im Urlaub, Herz und Seele sind glucksend dabei und Ihr Bauchgefühl im Wohlfühlmodus. Mit diesem Bild von sich selbst können Sie das Leben genießen. Zur Verankerung malen Sie sich dieses innere Bild des Genießens auf ein Blatt Papier.

Belohnen Sie sich

Mit Belohnungen ist es ähnlich wie mit dem Selbstlob. Wir sind nicht geübt darin. In der Leistungsgesellschaft herrschen die Werte hart arbeiten, sich anstrengen, auf Genuss verzichten vor, selbst Belohnungen stehen nicht auf der Tagesordnung. Ich liebe Belohnungen und ohne sie wäre manche Prüfungs- und Projektphase halb so gut gelungen. Ich gönne mir gerne etwas zur Aufmunterung: das kann eine Kaffeepause, ein Eisbecher, ein T-Shirt, ein Spaziergang oder ein Telefonat sein. Gerade nach Übergängen in neue Lebensphasen, bei Meilensteinen im Job oder Lebensereignissen, die bewältigt wurden, ist es gut für Ihre psychische Verfassung, zu bemerken, dass sich die Anstrengungen gelohnt haben und jetzt Entspannung und Belohnung angesagt sind. Den Übergang mit Belohnungen zu gestalten, kommt einem Initiationsritus gleich und Sie geben ihm eine spirituelle Komponente. Ihre Motivation steigt und bringt neuen Schwung für Ihre nächsten Vorhaben und Hürden. Halten Sie sich selbst bei Laune und die Begeisterung hoch durch die Belohnungsstrategie.

Selbstlob stinkt nicht

Selbst wenn die Redewendung „Eigenlob stinkt" Goethes Feder entsprungen sein soll und sich als Verbot für Selbstlob hartnäckig hält, ist es schlicht und einfach falsch. Wir benötigen Anerkennung und Wertschätzung. Sich selbst und andere zu loben, sollte unbedingt und immer auf unserer Tagesordnung stehen. Wenn wir von anderen kein Lob erhalten, dann sollten wir es selbst tun. Für eine realistische Selbsteinschätzung und die Entwicklung eines gesunden Selbstbewusstseins ist es unverzichtbar, seine Stärken, seine Leistungen, das Erreichte, das Überwundene und Erschaffene zu benennen und sich selbst dafür Lob und Anerkennung auszusprechen. Gerade weil es uns allen an Anerkennung, Liebe und Lob, beruflich, privat und persönlich mangelt.

Manchmal fordere ich die Teilnehmenden im Seminar zu einer Selbstlobübung auf: Sie sollen fünf bis zehn Dinge aufschreiben, die sie an sich mögen, die sie gut können und auf die sie stolz sind. Fast alle atmen dann erst mal tief durch. Vielen ist es peinlich, sich selbst hervorzuheben und laut vor den anderen auszusprechen, was sie gut gemacht haben. Das ist schade – aber wir können es einüben. In der Selbstlobübung liegt viel Gutes. Wer sich selbst anerkennen kann, kann auch die Stärken und das Geleistete der anderen wertschätzen. Das schafft Nähe, Verbindung und Freude zwischen den Menschen und tut jedem Einzelnen gut.

Aus dem Selbstlob wächst die Selbstliebe. Aus der Selbstliebe entsteht Selbstfürsorge. Aus der Selbstfürsorge kann eine Selbstvorsorge für Ihr psychisches Wohlbefinden und Ihre seelische Gesundheit werden. Selbstlob darf Spaß machen. Stehen Sie zu dem, was Ihnen gelingt! Die Neurobiologie hat bewiesen, dass Begeisterung für sich selbst gesund ist.

LEBENSLUST-ÜBUNG:

SELBSTLOB

Legen Sie sich eine Liste an, zum Beispiel in Ihrem Tagebuch, auf der Sie notieren, was Sie an sich mögen und was Ihnen gelungen ist. Führen Sie die Liste täglich fort, um zu sehen, wie die Wahrnehmung für Ihre Heldentaten zunimmt und parallel Ihre Selbstliebe. Gemeisterte Herausforderungen kommen ebenso hinein wie die Dinge, die Ihnen leichtfallen. Alles, was Sie tun und was Sie machen. Wenn Sie mal 100 Sachen aufgeschrieben haben, dann werden Sie Ihre Selbstliebe schon ein großes Stück vermehrt haben. Selbstlob ist gesund!

Lieben Sie sich selbst zuerst

Wenn Sie abends in Ihrem Bett liegen, kurz vor dem Hinübergleiten in den Schlaf, sind Sie mit sich allein und können sich daran erinnern, sich selbst zu lieben. Wünschen Sie sich mit viel Selbstliebe jeden Abend eine gute Nacht.

LEBENSLUST-ÜBUNG:

SELBSTLIEBE

Sagen Sie sich einen oder mehrere Sätze hintereinander mehrmals auf: „Ich liebe mich, wie ich bin. Ich nehme mich an, wie ich bin. Ich bin liebenswert. Ich liebe mich selbst." Notieren Sie sich Ihre Selbstliebe, texten Sie Ihre Lieblingsvariante. Sorgen Sie dafür, dass sie immer bei Ihnen ist.

Danke sagen

Kennen Sie die Knotenlöserin? Sie ist eine Mariendarstellung in einer kleinen Kirche meiner Heimatstadt. Auf dem Bildnis reicht ein Engel Maria ein verknotetes weißes Band. Sie löst mit ihren Händen die Knoten auf und auf der anderen Seite des Bildes nimmt ein zweiter Engel das weiße, glatte Band von Maria entgegen. Um Danke zu sagen, gehe ich gerne zu ihr und zünde eine Kerze an. Danke für alle Lösungen, für mein Leben, die Freude, das Glück, die Gesundheit, die Lebenslust, meine Familie und Freunde, meine Arbeit und vieles mehr. Haben Sie auch einen Ort, an dem Sie Danke sagen? Danke sagen ist eine Wohltat für Ihre Seele.

LEBENSLUST-ÜBUNG:

JAHRESRÜCKBLICK UND NEUJAHRSWÜNSCHE

Zwischen Weihnachten und Silvester ist traditionell die Zeit des Rückblicks, der Innenschau und des

Dankens. Nehmen Sie sich in einer ruhigen Umgebung, an einem schönen Ort mit einem guten Duft und einer Kerze Zeit dafür.

Rückblick: Stimmen Sie sich mit Musik oder in Stille auf den Rückblick ein und lassen Sie vor Ihrem inneren Auge das Jahr Revue passieren. Starten Sie im Januar und gehen Sie Monat für Monat in Gedanken durch. Schreiben Sie alles auf, was Sie erlebt, erledigt, erfahren und geschaffen haben, was Ihnen gelungen ist, welche Erfahrungen Sie gemacht haben, welche Personen eine Rolle gespielt haben, beruflich und privat, persönlich und familiär.

Wünsche: Listen Sie alles auf, was Sie sich für das kommende Jahr wünschen, was geschehen soll, was bleiben soll, was in Ihr Leben spazieren darf, was Sie sich für Ihre Lieben wünschen und welche Entwicklungen Sie machen möchten. Alles, was Ihnen in den Sinn kommt. Mit der Rück- und Vorschau behalten Sie das Wesentliche im Auge und ebnen den Weg für die Erfüllung Ihrer Neujahrswünsche und Seelenträume.

Abschluss: Zum Abschluss ziehen Sie eine Karte aus einem Tarotspiel, den Schutzengelkarten[20] oder eines Tierkartendecks als Jahreskarte. Ihr Geburtstag ist gleichfalls ein guter Zeitpunkt für den Dankesrückblick und die Wunschvorschau.

LEBENSLUSTIGE STRATEGIEN FÜR DIE KOMMUNI- KATION

Eine klare, konkrete, zugewandte und wertschätzende Kommunikation trägt wesentlich zur Lebensfreude bei. Konflikte und Kommunikationsstörungen am Arbeitsplatz, in der Familie oder in Partner- und Freundschaften sind eine häufig genannte Ursache für psychische Belastungen. Zuhören, Fragen stellen, das Gehörte zusammenfassen und es wiederholen, um abzuklären, ob man es richtig verstanden hat, will geübt sein. Um nicht in den eigenen Vermutungen über das Gesagte hängen zu bleiben, sollten wir unsere Annahmen über die Bedürfnisse des Gegenübers überprüfen. Das hört sich einfach an und wir glauben, wir würden das sowieso tun. Dem ist meist aber nicht so. Wer weniger Missverständnisse kreieren möchte, sollte sich das eigene Kommunikationsverhalten vergegenwärtigen.

Basis für eine gute Kommunikation mit sich und den anderen ist neben Anerkennung und Lob die Fähigkeit, Kritik angemessen äußern zu können und gegebenenfalls zu schweigen, wenn es nichts zu sagen gibt. Unsere persönlichen Kommunikationsstärken, unsere Art zuzuhören, zu formulieren, unsere Wortwahl, der Tonfall und die Sprechweise haben Einfluss auf die Beziehungen. Durch Feedback von anderen zu unserem Kommunikationsverhalten und durch eine kritische

Selbstbetrachtung können wir uns verbessern und achtsam bleiben. Eine gelingende Kommunikation kann man lernen; das erfordert die praktische Anwendung von Kommunikationsregeln und -strategien.

Vielen Politikerinnen und Politikern wollen wir nicht mehr zuhören, weil wir ihre Art zu kommunizieren als unglaubwürdig, redundant oder nicht authentisch empfinden. Körpersprache und Worte passen nicht zusammen. Die gewählten Worte entstammen oftmals einem bürokratischen Denken und einem vernunftbestimmten Verstand, schlimmstenfalls ohne Leidenschaft, Herz und Wohlwollen. Manchmal fehlt allerdings auch schlicht das Wissen um die wesentlichen Dinge, die Menschen an der Basis beschäftigen. Bodenhaftung und gesunder Menschenverstand sollten in der Kommunikation nicht fehlen. Kinder haben die wunderbare Gabe, eine unechte und nicht ehrliche Kommunikation sofort zu entlarven. An deren Wahrnehmungskompetenzen und Mut, offen und direkt zu sein, sollten wir uns orientieren. Das ist Wahrhaftigkeit von innen heraus. Das tut der Seele gut und spricht aus dem Herzen.

Fasse dich kurz und sprich von Herzen

„Fasse dich kurz und sprich von Herzen" ist die ultimative Teambesprechungsregel für alle, die sich in Teams langweilen, weil einer nach dem anderen das bereits Gesagte wiederholt und annimmt, dabei wichtig zu erscheinen. Ein unnützes Teamritual, unter dem viele Führungskräfte und Mitarbeitende leiden. Die Empfehlung, sich kurz zu fassen und von Herzen zu sprechen, stammt von einer Supervisorin und wurde meinem Team von sieben Pädagoginnen und Psychologinnen vor jeder Sitzung mitgegeben. Wir hatten knappe zwei Stunden Zeit, komplexe Krisensituationen zu beschreiben und wollten zu konkreten Lösungen finden. Der Hinweis verhalf uns dazu, innerlich geordnet, geistig klar und wissend, was als Nächstes zu tun ist, die Supervisionsstunden zu verlassen. Das ist bei Teams im Bereich der Sozialarbeit nicht selbstverständlich.

Sich selbst kurz fassen erfordert eine sorgfältige und klare Kommunikation mit wenigen Worten. Meist hat jede Diskussion einen einzigen Kern, den es gilt, treffsicher anzupeilen und festzuhalten. „Fasse dich kurz und sprich von Herzen" können Sie den Vielrednern, Dummschwätzern, Labertaschen und Jammerlappen entgegnen, wenn Sie merken, Sie nähern sich dem Ende Ihres Geduldsfadens. Bevor dieser reißt, sollte lieber der Gesprächsfaden mit den Leuten reißen, die den oben genannten Kommunikationstypen entsprechen. Das könnte Ihre Lebenslust steigern und gleichzeitig bei anderen zu Irritationen führen. Das macht nichts. Wenn es jemandem nicht passt, kann er sich kurz fassen und mitteilen, was ihn irritiert. Die Verantwortung liegt bei jedem selbst.

Mit Klarheit die Dinge sehen

Oftmals wird Klarheit in der Kommunikation mit Härte oder Strenge verwechselt. Aus pädagogischer Sicht hat die Klarheit in der Kommunikation eine Ordnungsfunktion. Was ich klar ausspreche, gibt mir und anderen Orientierung. Kinder und Jugendliche beispielsweise wünschen sich klare Ansagen, sie möchten wissen, woran sie sind. Mit Klarheit die Dinge sehen, hilft bei der Ordnung von Konflikten, bei der Vermittlung zwischen zwei oder mehreren Parteien und für die eigene Positionierung. Wenn das Terrain abgesteckt und formuliert ist, können echte Begegnung und der gute Kontakt zueinander beginnen. Klar sehen, was ist, und es ansprechen, benötigt manches Mal eine Portion Mut.

Achtsam sein in der Sprache

Worte haben eine starke Wirkung auf uns selbst und auf andere. Die Wortwahl spiegelt die Befreiung von ungesunden Antreibern wider und sie kann eine liebevolle Hinwendung zu sich selbst fördern. Es ist nicht unwichtig und bleibt nicht wirkungslos, welche Worte wir zu welchem Zeitpunkt wählen. Sie prägen unsere Wahrnehmung und unsere Verhaltensmuster.

Wer ständig von müssen redet, setzt sich mit seiner Wortwahl selbst unter Druck. Ich muss! Muss ich? Streng genommen müssen wir nichts, außer zu sterben. Ersetzen Sie „müssen" durch „wollen" und Sie erreichen eine sanftere Wirkung im Umgang mit sich selbst.

Schnell etwas erledigen müssen, ist die Steigerung des Eigendrucks. Oft sage ich unbewusst „Ich muss noch schnell" und wenn mir mein Gesprächsgegenüber mit dem Satz „Langsam genügt auch" einen Spiegel vorhält, fällt mir erst auf, dass ich Zeit habe und ein entspanntes Tempo ausreicht. Danke für den Hinweis.

„Rentiert es sich, Andrea?" Diese Frage ist für mich ein rotes Tuch. Meist ist diese Frage in finanzieller Hinsicht gemeint. Fragen wir lieber: Hast du Freude an dem, was du tust? Steigert es deine Lebenslust? Bringt dir dies oder jenes Spaß?

Wie wir von uns selbst sprechen, zeigt unsere Einstellung zu uns selbst. Von „bin ich blöd" bis zu „bin ich dumm" gibt es viele Zuschreibungen, die wir an uns selbst richten. Statt sich sprachlich abzuwerten, sind Lobhuldigungen eine gute Wahl. Bei der Lebenslust-Übung: Selbstlob (im Kapitel Sich selbst verführen und begeistern) gibt es Anregungen zu vielversprechenden Lobeshymnen auf Sie selbst. Diese lobenden Affirmationen sind wie Schokolade für die Seele.

Kommunizieren Sie weg vom Vorwurf hin zum Wunsch. Vermeiden Sie es, sich und anderen Menschen Vorwürfe zu machen. Das bringt nichts. Nützlicher sind Ihre formulierten Wünsche. Sagen Sie, was Sie sich wünschen und wie die Umsetzung aussehen soll. Sprechen Sie aus, was Sie sich erträumen, statt negative Vorwürfe auszuteilen. Diese Energie tut Ihnen selbst weh. Eine Eselsbrücke für diese Kommunikationsstrategie ist die daraus abgeleitete VW-Regel, die empfiehlt, man solle statt eines Vorwurfs (V) seinen Wunsch (W) mitteilen.[21]

Lassen Sie Ihren bewertenden Verstand außen vor und sprechen Sie mit größtmöglicher Achtsamkeit zu sich und anderen. Das erhöht die Achtsamkeit für das Gute und Gesunde in Ihrer Umwelt.

Wünsche und Kritik angemessen äußern

Wie man eigene Wünsche und Kritik angemessen äußern kann, damit die Lebenslust erhalten bleibt und der Ärger an die richtige Person adressiert wird, anstatt selbst darauf sitzen zu bleiben, das ist in der folgenden Checkliste Ich-Sätze zur praktischen Anwendung dargestellt. Die Checkliste wurde in einer meiner Coaching-Gruppen mit Frauen in Führungspositionen entworfen. Sie ist für solche Situationen vorgesehen, in denen Sie sich nach einem Gespräch ärgern oder ein ungutes Gefühl haben und Sie stattdessen Ihre Kritik loswerden und eigene Wünsche formulieren möchten. Gerade bei Unklarem jedweder Art können Sie anhand der Checkliste zunächst selbst Klarheit über die Lage erlangen. Ob Sie das Formulierte tatsächlich der entsprechenden Person mitteilen, spielt zunächst keine Rolle. Die Ich-Sätze dienen zur persönlichen Klärung.

In den Einzelcoachings, in denen die Ich-Sätze zum Einsatz kamen, hat sich anschließend Erleichterung, Entspannung und innere Ordnung allein dadurch wiederhergestellt, dass die Rat suchende Person alles aufgeschrieben hat, was sie beobachtet und wahrgenommen hatte.

Für eine angemessene kritische Äußerung ist eine schriftliche Formulierung der selbst beobachteten Fakten und wahrgenommenen Gefühle ratsam. Das trägt zur Klärung bei, worum es überhaupt geht. Bei schwirigen Gesprächen, die vor Ihnen liegen, beispielsweise mit dem Chef, der Chefin, mit Kolleginnen und Kollegen, bei Familien- oder Paarkonflikten nehmen Sie Ihre Notizen mit in das Gespräch. Alle Mittel und Wege, die zu einer angemessenen und an den eigenen Bedürfnissen orientierten Gesprächsführung beitragen, dürfen zur Anwendung kommen. Sorgen Sie dafür, dass Ihnen die Lebenslust nicht deshalb vergeht, weil Sie etwas nicht gesagt und Ihre eigenen Wünsche nicht formuliert haben.

LEBENSLUST-ÜBUNG:

CHECKLISTE: ICH-SÄTZE

SCHRITT ①

Fakten: Beantworten Sie die Fragen: Was habe ich beobachtet und wahrgenommen? Welche (Arbeits-) Ergebnisse sind sichtbar geworden? Welche (negativen) Folgen sind messbar? Beschreiben Sie die Tatsachen und vervollständigen Sie den Satz „Ich habe beobachtet …".

SCHRITT ②

Gefühle: Fragen Sie sich „Was löst das bei mir aus?" und schreiben Sie „Ich fühle, ich nehme wahr, ich spüre ...".

SCHRITT ③

Wünsche: Formulieren Sie, was Sie sich für die Zukunft wünschen und was Sie vereinbaren möchten. Legen Sie einen Zeitpunkt fest: „Ich wünsche mir ab sofort / bis zum ...".

Bedürfnisse erfragen und Annahmen hinterfragen

In der Kommunikation bewegen wir uns – scheinbar – überwiegend auf der Sach- und Informationsebene. Die Beziehungsebene und die Bedürfnisse der Beteiligten liegen aber, wenn auch unausgesprochen, immer unter dieser Wahrnehmungsoberfläche. Sie sind nicht sofort erkennbar und werden selten klar und offen geäußert. Wenn Störungen in Beziehungen und Gesprächen herumwabern und ans Licht kommen, geht es meist um folgende Fragen: Worum geht es? Wofür ist es gut? Welches Bedürfnis steckt hinter der Aussage? Welche Werte werden verfolgt? In den Informationen meiner Aussagen sind diese Dinge versteckt mitgeteilt. Ich höre sie zwischen den Zeilen bei meinem Gegenüber.

Bei schwierigen Gesprächen und Konflikten ist es wertvoll für die Beziehung zueinander, über die jeweiligen Bedürfnisse hinter den Aussagen der beteiligten Personen zu sprechen, sie deutlich zu benennen. Wir gehen im Alltag oft darüber hinweg und nehmen uns nicht die Zeit, uns danach zu befragen. Über die Beweggründe des anderen zu spekulieren, bringt nicht viel. Bleiben Sie bei Ihren Vermutungen, dann klärt sich die Lage nicht auf. Sagen Sie, welche Bedürfnisse Sie hinter den Aussagen vermuten, und fragen Sie, ob Ihre Vermutungen richtig sind. Klarheit ist erst erreicht, wenn wir uns für die Bedürfnisse interessieren, die wir in der täglichen Kommunikation mitteilen. Hinterfragen Sie Ihre Annahmen und fragen Sie nach.

Das ist die beste Prävention für Missverständnisse. Eine Hilfe kann für Sie das kleine ABC menschlicher Bedürfnisse sein, die möglicherweise bei Konflikten und Störungen in der Kommunikation eine Rolle spielen können: akzeptiert und anerkannt werden, autonom sein dürfen, Distanz einhalten dürfen, einbezogen werden, feiern und sich freuen dürfen, harmonisch mit anderen zusammenleben und -arbeiten können, geliebt und gemocht werden, Klarheit erfahren, lachen und lebendig sein dürfen, Nähe spüren können, offen auf andere Menschen zugehen, respektvoll behandelt werden, Rücksichtnahme erfahren, in Ruhe gelassen werden, sich sicher fühlen, einen Sinn im eigenen Tun erfahren, spielen, sich auf andere verlassen und vertrauen können, wertgeschätzt werden und sich zugehörig fühlen. Selbstverständlich gehören in diese Liste auch unsere körperlichen Bedürfnisse.

Es gibt kein Richtig und kein Falsch hinsichtlich unserer Bedürfnisse in Beziehungen. Für eine Kommunikation, die die freudige Seite des Miteinanders betonen möchte, können Sie von sich aus beginnen, über Ihre eigenen Wünsche, Träume und Bedürfnisse zu sprechen. In einer Gesprächskultur, die darunterliegende Beweggründe achtet, können die Menschen näher zueinander kommen.

Wie Sie selbst mit Kritik umgehen können

Nicht jede an Ihnen geübte, von Ihnen gehörte oder wahrgenommene Kritik hat etwas mit Ihnen zu tun. Die meisten Aussagen Ihres Gegenübers sind Aussagen über ihn oder sie selbst. Lassen Sie die Dinge dort und beziehen Sie nicht alles auf sich. Kritik kann uns kränken und gleichzeitig unsere Selbsterkenntnis erhellen. In beiden Fällen ist es ratsam, sich mit ihr zu beschäftigen. Kritische Äußerungen, die wir nicht verstehen und uns längere Zeit gedanklich und emotional beschäftigen, blockieren den gesunden Fluss unserer Lebensenergie.

Für den Umgang mit Kritik an Ihrer Person oder Ihrem Verhalten gehen Sie direkt auf die Personen zu und klären, worum es geht. Die Frage „worum es wirklich geht", zielt auf die Aufdeckung der meist unausgesprochenen Gründe für die Unstimmigkeiten oder einen Konflikt ab. Gehen Sie ins Gespräch und lassen Sie nicht locker, bis Sie die Motive und Bedürfnisse aller Beteiligten gehört und verstanden haben und Sie die Kritik annehmen können.

Zur eigenen Vorbereitung auf derartige, nicht immer leicht zu absolvierende Gespräche kann die Checkliste Ich-Sätze in diesem Kapitel dienen. Diese Vorgehensweise klärt zu allererst Ihre eigenen Beobachtungen, Gefühle und Wünsche. Die schriftliche Aufzeichnung kann eine Ordnungshilfe sein. Mit dieser Klarheit übernehmen Sie aktiv die Verantwortung für das Ausräumen möglicher Missverständnisse und bereiten die Basis für einen guten Kontakt.

Sollte es Ihnen unter keinen Umständen möglich sein, eine Kritik aufzuklären, holen Sie sich mit der Übung 5-mal Psychohygiene im Kapitel Spirituelles für „Esoterikerinnen und

Esoteriker", den inneren Reinigungsritualen im Kapitel
Lebenslust-Rituale für Körper und Geist und den Loslass-
übungen, z.B. mit der Lebenslust-Übung Post-it-Ritual,
Ihre Seelenruhe zurück.

Sorgen Sie stets für eine einfache und klare Kommunikation.
Sie trägt wesentlich für das Gelingen Ihrer Beziehungen im
beruflichen und privaten Umfeld bei. Das ist kostbar für Ihre
Beziehungen. Gute soziale Beziehungen sorgen für Ihr emoti-
onales Wohlbefinden und sind der Glücksfaktor [22] schlechthin.

MITEINANDER DAS LEBEN FEIERN

*„Wenn ich mit meiner großen Familie zusammen bin,
also in der Gemeinschaft der Menschen, die ich liebe,
fühle ich mich wohl. Das ist die Fülle des Lebens."*

(Pensionärin, 81 Jahre)

Fröhliche Menschen sitzen unter einem Apfelbaum in einem
Garten und schlemmen an einer gedeckten Tafel. Sie lachen,
trinken, essen und erzählen sich Geschichten. Kinder springen umgeben von Tieren und in einer satten Natur umher.
Eine Weile zusammen verbringen, das Leben feiern und die
Verbundenheit spüren, ist die Kunst der Lebenslust mit anderen. Miteinander können wir die Lebenslust gepaart mit Tole-
ranz, Akzeptanz und Nächstenliebe verwirklichen. In den

nicht harmonischen Lebensabschnitten einer Familie, eines Freundeskreises, welcher Gruppe auch immer, ist eine gemeinsame Feier eine besondere Herausforderung. Wir können miteinander lernen, mit unseren sozialen und kommunikativen Fähigkeiten plus einer großen Portion Humor weniger einfache Situationen, Störungen und Konflikte auszuhalten, zu bewältigen und zu guter Letzt anzunehmen.

Psychische und emotionale Sorgen entstammen häufig aus Verletzungen, die wir mit oder durch andere erfahren haben. Für uns Menschen ist das Leben in Gemeinschaften überlebensnotwendig. In Beziehungen und in Gruppen können wir das Erfahrene und Erlebte (wieder) heilen. Das können unsere Freunde, die Familie oder unsere Wahlfamilie sein. Alle Arten von Gruppen können heilsam für unsere Emotionen sein und unser Glücklichsein befördern.

Gelingende soziale Beziehungen und das Miteinander in einer Gemeinschaft sind unser Glücksbringer [23] ersten Ranges. Wer sein Zusammensein mit anderen selbst positiv gestalten kann, trägt zu seinem psycho-sozialen Wohlbefinden bei. Das ist selbst in Zeiten möglich, in denen uns ein Gefühl der Ohnmacht überfällt, weil wir die Welt in den großen Zusammenhängen nicht begreifen können. In unserem Kosmos besitzen wir die Gestaltungs- und Handlungsmacht. Hier liegt es in unserer Verantwortung, auf welche Seite wir uns begeben, und wir können uns entscheiden, das, was wir haben, zu feiern.

Einer meiner ersten Sprüche in meinem Poesiealbum aus der Schule besagt: „Wo man singt, da lass' dich ruhig nieder, denn böse Menschen haben keine Lieder." Dieser Poesiespruch ermutigt, dorthin zu gehen und zu bleiben, wo Sie mitschwingen können. Gehen Sie an die Orte, wo Sie Menschen finden, die zu Ihnen und Ihren Neigungen passen, und bewegen Sie sich in Kreisen, wo Sie sich gedanklich und gefühlsmäßig auf einer Wellenlänge befinden. An diesen Orten kann Ihre Seele entspannen und sich geborgen fühlen.

In jedem Winter nehme ich von Oktober bis März an der Skigymnastikgruppe des Alpenvereins teil. Es ist eine lockere Zusammenkunft der unterschiedlichsten Personen von zehn bis an die neunzig Jahre alt. Die Namen und die Berufe der Teilnehmenden kenne ich nicht und über ihre Herkunft weiß ich ebenso wenig. Die Gruppenleiterinnen und -leiter wechseln wöchentlich. Die Musik, die während der Gymnastikübungen aus dem Rekorder dröhnt, ist teils nur schwer zu ertragen. Von Santana bis Roy Black ist alles dabei. Trotz der mangelnden Atmosphäre in der 70er-Jahre-Turnhalle ist es eine lustige Turnstunde. Jede und jeder ist, wie er ist, und macht, wie er kann. Das Übungsprogramm wechselt ständig und so fühlen wir uns als Gruppe jede Woche gefordert, uns auf die neue Situation einzustellen. Das schweißt zusammen. Oft blicke ich in mir fremde Gesichter, da die Teilnehmenden häufig wechseln, aber eine gewisse Verbundenheit bleibt, da wir alle in einem gemeinsamen Verein Mitglied sind. Alle wollen fit werden für den nächsten Winter. Diese innere Motivation reicht aus. Mehr braucht es nicht für die Entdeckung von Lebenslust in einer Gruppe mit eher mäßigem Ehrgeiz, aber viel Humor. Scheinbar zufällig zusammengewürfelte und spontane Zusammenkünfte können großen Spaß bringen. Bleiben Sie offen für spontane Aktionen mit anderen Menschen. Selbst wenn Sie sich als schüchtern und sozial zurückgezogen beschreiben würden, probieren Sie ab und zu ein Gruppenevent aus. Geteilte Gefühle tun Ihrer Seele gut und können für Ihr Gefühlsleben wie eine Vitamin- und Lebenslustspritze wirken.

Lassen Sie sich von anderen inspirieren, verzeihen Sie Fehler und versöhnen Sie sich mit den Menschen, die Ihnen nicht immer gut gesinnt waren. Bleiben Sie verbunden.

Beziehungen gestalten, damit sie guttun

Lange Zeit waren im beruflichen Kontext die sozialen Kompetenzen unterbewertet. Es wurde angenommen, wir seien per se mit sozialen Fähigkeiten ausgestattet und die Voraussetzungen dafür würden wir automatisch in der Familie oder der Schule lernen und in unser erwachsenes Leben mitnehmen. Heute finden sich in allen Weiterbildungsprogrammen und Studienmodulen Inhalte zu sozialen Fähigkeiten. Längst sind sie zu einem Erfolgsfaktor für die berufliche Entwicklung und das Fortkommen geworden. Für das Gelingen des gesellschaftlichen Zusammenlebens sind sie unverzichtbar. Aus der gesundheitsorientierten Perspektive ist die Gestaltung von Beziehungen das A und O für Wohlbefinden. Soziale Beziehungen sind ein immens relevanter Gesundheitsfaktor für die Gefühls- und Seelenwelt. Ob und wie wir soziale Beziehungen gestalten, ist für unsere psychische Stabilität und das Leben als soziales Wesen in der Gruppe von hoher Bedeutung.

An erster Stelle stehen die gute Beziehung zu sich selbst und die Beziehungen im persönlichen und beruflichen Umfeld. Was Sie dabei als gut ansehen, bleibt Ihnen überlassen. Sie können sich fragen: Genießen Sie Ihre Beziehungen, statt sich darin aufzureiben? Entspannen Sie sich miteinander, statt angestrengte Zeiten zu verbringen? Spüren Sie ein Grundverständnis? Fühlen Sie sich gesehen und angenommen? Oder haben Sie das Gefühl unerfüllter Erwartungshaltungen? Beziehungen, die Ihnen dauerhaft nicht guttun, sollten Sie beenden. Das ist für Ihre psycho-soziale Gesundheit und Ihr Selbstbewusstsein nicht zuträglich. Bleiben Sie in Beziehungen auf der Wohlfühlseite und entscheiden Sie sich bewusst dafür. Das dürfen Sie sich wert sein, und die Gemeinschaft wird zu einem Ort der Freude, an dem Sie sich gegenseitig Gutes tun können.

Für gute Beziehungen in Ihrer Gemeinschaft, Mannschaft, im Arbeitskreis, Freundeskreis, in der Familie und Ihrer Wahlverwandtschaft probieren Sie den Lebenslustbrief als Gruppenritual aus. Er stärkt die Beziehungen zwischen allen Team- und Gruppenmitgliedern. Miteinander kann die Lebenslust aufblühen und sich vervielfachen.

LEBENSLUST-ÜBUNG:

LEBENSLUSTBRIEF

Setzen Sie sich zusammen in einen Kreis oder an einen Tisch. Jede/r ist mit einem Block und einem Stift ausgestattet. Beginnen Sie den Brief mit einer Anrede an sich selbst. Geben Sie den Block an den linken Nachbarn weiter. Schreiben Sie an die Person, deren Namen Sie auf dem Block lesen, stärkende, ermutigende, liebevolle oder lebenslustige Sätze. Wünschen Sie sich gegenseitig Ihre Lebensklugheiten und vererben Sie Ihre Weisheiten aus Ihrem Poesiealbum weiter. Der Block geht reihum bis Sie wieder Ihren eigenen Block in Händen halten. Sie können die Briefe oder Teile davon laut vorlesen. Das stärkt den Zusammenhalt.

Freundlich und zärtlich aus dem Herzen leben

Es gibt Situationen mit Menschen, in denen ein Beziehungsabbruch nicht möglich ist, beispielsweise mit den Nachbarn, Kolleginnen und Kollegen, Verwandten. Immer dann, wenn wir nicht ausweichen können, ist eine Haltung hilfreich, die den eigenen Gefühlen und der Seele guttut. Gegenüber Leuten, die uns nicht sympathisch erscheinen oder mit denen wir keinen leichten Kontakt haben, weil sie Gefühle in uns auslösen, die uns irritieren, sollten wir versuchen – so gut es geht – eine freundliche Haltung einzunehmen. Oftmals lösen die Menschen, die wir nicht mögen, etwas in uns aus, was in uns selbst liegt. Sie aktivieren in uns Vorhandenes. Behalten Sie diese Empfindungen bei sich. Womöglich berühren diese Gefühle alte Erfahrungen in Ihnen. Die anderen können dafür nichts. Stellen Sie sich ein Bambi vor. Es schaut stets freundlich und begegnet der Welt mit einer sanftmütigen und zärtlichen Haltung. Versuchen Sie diesen Menschen und den auslösenden „Dämonen" freundlich und zärtlich zu begegnen. Bleiben Sie in Ihrer eigenen Mitte und lassen Sie sich nicht in emotionale Verstrickungen einwickeln. Mit dieser Haltung achten Sie auf Ihre Grenzen und die der anderen. Sie bleiben in einem liebevollen Gefühl und einer toleranten, akzeptierenden Haltung. Aus dem Herzen heraus können Sie Großzügigkeit, eine gesunde Distanz, Wertschätzung und vielleicht sogar Empathie entwickeln.

Gutes Tun beginnen

Nachdem die Haltungen und Strategien beschrieben sind, ist die Umsetzung an der Reihe. Statt Reflexion ist Handeln angesagt. Damit zu beginnen, Gutes zu tun, ist jederzeit möglich. Selbst eine einzige kleine Nachricht an einen Menschen kann der Beginn sein. Nehmen Sie sich jeden Tag vor, etwas Gutes zu tun und nicht mehr damit aufzuhören. Das Wunderbare daran ist, es kommt zu Ihnen zurück – wann und wie bleibt spannend. Stellen Sie sich eine Spardose vor, Sie geben Gutes hinein und eines Tages kommt Gutes heraus.

Schon als Kind habe ich daran geglaubt, als ich beobachtete, wie mein Opa, der gerade nicht mit guten Taten in Verbindung gebracht wurde, uns schikanierte. Ich wusste immer, dass es für mich das Beste war, in der gütigen Haltung zu bleiben, und dass es irgendwann irgendeine Art Ausgleich geben würde. Bis heute möchte ich daran glauben. Nicht im Sinne von Rache, sondern im Sinne von Liebe zu mir selbst. Das Gütige strahlt auf uns selbst zurück, wie die bunten Farben eines Bildes erheiternd auf uns wirken.

Kollektiv Gutes tun, das war im Herbst 2015 in Deutschland zu beobachten. In München sind viele Einwohnerinnen und Einwohner zum Hauptbahnhof gepilgert und haben die Menschen auf der Flucht begrüßt und versorgt. Die Beweggründe für ihr Handeln wurde wissenschaftlich untersucht.[24] Eines der vorrangigsten Motive der Engagierten in der Flüchtlingshilfe war und ist, dass sie anderen Menschen etwas zurückgeben möchten, was sie selbst von der Gemeinschaft bekommen haben. Sie wollten nicht zusehen und abwarten, ob und wann der Staat, die Länder, die Kommunen und Städte, soziale Wohlfahrtsverbände und Behörden aktiv werden. Sie haben begonnen, Gutes zu tun, ohne darüber nachzudenken, ob es Regeln dafür gibt und wie es gehen könnte. Sie sind einfach losgelaufen und wollten einen Beitrag leisten für gute Bedingungen für ein gutes Leben für alle. Bis heute und auch schon Jahrzehnte davor arbeiten hunderttausende bürgerschaftlich engagierte Menschen in unserem Land in vielen sozialen Bereichen. „Giving back to the community" ist eines der Hauptmotive dieser Menschen. Für das kollektive Gefühl der Zusammengehörigkeit und Identität ein wertvoller Beitrag. Für die psycho-soziale Gesundheit unersetzlich.

Sich inspirieren lassen

Sich in spielerischer Atmosphäre zu vergleichen, kann Spaß bringen. Vergleiche tun der Seele so lange gut, wie wir mit einem liebevollen Auge auf andere schauen. Wenn der Wettbewerb in Neid ausartet, wird er ungesund. Statt in Konkurrenz zueinander zu leben und in persönlichen Vergleichen festzustecken – was hat der oder die, was kann der oder die – lasse ich mich lieber inspirieren.

Welche Gefühle löst ein liebevoller Blick auf andere aus? Wie fühlt es sich für Sie selbst an, wenn Sie sich neidisch mit anderen vergleichen? Beobachten Sie Ihren inneren Gemütszustand genau. Versuchen Sie, bei Ihren Stärken zu bleiben und nicht in Missgunst zu geraten. Die Gefühle, die diese Vergleiche in Ihnen auslösen, wirken in erster Linie auf Sie selbst schädlich oder förderlich. Schauen Sie sich ab, was andere gut können. Bewundern Sie deren Talente, ohne sich selbst und die anderen minder zu schätzen. Freuen Sie sich über deren Besonderheiten und genießen Sie Ihre eigenen.

LEBENSLUST-ÜBUNG:

STAFETTE

Eine Stafette können Sie in Seminaren, bei Vorträgen, auf Kindergeburtstagen, Ihrem eigenen Fest, auf Familien- und Firmenfeiern durchführen. Die Bewegung und das Raten macht allen Spaß, vor allem, wenn es einen Preis zu gewinnen gibt.

To Dos: Je nachdem, wie viele Personen Sie sind und wie viel Platz Sie zur Verfügung haben, teilen Sie die Personenanzahl in Gruppen von zwei bis fünf Personen ein. Hängen Sie für jede Gruppe ein Flipchart-Papier an die Wand, an die Tür oder sonstwo hin und schreiben Sie LEBENSLUST in Großbuchstaben untereinander links auf das Papier. Markieren

Sie am Boden mit einem Kreppklebeband eine Linie, die einige Meter von der aufgehängten Flipchart entfernt liegen sollte. Besorgen Sie Süßigkeiten oder sonstige Gewinne für alle Teilnehmenden.

So geht's: Pro Gruppe teilen Sie einen Flipchart-Stift aus. Jede Gruppe muss sich hinter die Linie begeben. Auf Ihr Kommando dürfen die Teilnehmenden einzeln mit dem Stift in der Hand zur Flipchart laufen und einen der Buchstaben aus dem Wort „LEBENSLUST" mit einem Begriff ausfüllen. Dann laufen sie zurück hinter die Linie und übergeben den Stift an die nächste Person.

Los geht's: Erklären Sie den Staffellauf und erwähnen Sie, dass die Gewinnergruppe einen Preis erhält. Sie können die Gruppen anfeuern, indem Sie verkünden, welche Gruppe führt und welche sich auf welchem Platz befindet.

Preisverleihung: Die Begriffe der einzelnen Gruppen werden in der Gesamtgruppe besprochen. Sie können fragen, was sich hinter den jeweiligen Begriffen verbirgt und erfahren über jede Person etwas. Natürlich bekommt jede und jeder einen Preis. Das sage ich erst, nachdem die Siegergruppe beschenkt wurde.

PS: Die Stafette können Sie mit vielen beliebigen Begriffen und Motti vorbereiten.

Kontakte pflegen

Die Symptomliste im Bereich des sozialen Verhaltens ist in anstrengenden Lebensphasen und stressigen Arbeitszeiten

lang: Vernachlässigung von sozialen Kontakten, Freunden und Familie, erhöhtes Ruhebedürfnis, häufige Konflikte, Lustlosigkeit bezüglich gemeinsamer Unternehmungen, Aggressionen, depressive Stimmungen, Sturheit, Opferhaltung, Schuldzuweisungen und schlechte Laune. Sollten Sie solche oder ähnliche Warnsignale bemerken, vergegenwärtigen Sie sich, was mit Ihnen los ist. Achten Sie darauf, Ihre Missstimmungen nicht auf andere zu projizieren und Ihre sozialen Kontakte zu beeinträchtigen oder gar zu gefährden. Statt Ihre Kontakte zu vernachlässigen und zu belasten, nehmen Sie Ihre Symptome ernst und tun Sie aktiv etwas für Ihre seelische Entspannung und Ihren Ausgleich. In manchen Zeiten ist sozialer Rückzug notwendig, um wieder in die Balance zu kommen. Als unsere Stütze und Liebesquelle sind Kontakte nicht zu ersetzen. Sie sind Balsam für unsere Seele.

Verzeihen und versöhnen

Für die Beziehungshygiene ist Verzeihen und Versöhnen segensreich. Selbst wenn es nicht möglich sein sollte, dass Sie sich gemeinsam versöhnen, weil sie sich partout nicht mehr verstehen, weil die andere Person für Sie nicht erreichbar ist oder gestorben ist, können wir von uns aus in die Versöhnung gehen. Unversöhnte Dinge, Sachen, Sätze, Angelegenheiten, Beziehungen kosten wertvolle Lebensenergie. Jeden Tag denken wir an das Ungute und Ungeklärte. Lassen Sie das nicht so stehen. Meist klärt es sich nicht von alleine auf. Notfalls machen Sie eine Familien- oder systemische Aufstellung, sollten sich Beziehungen nicht ordnen lassen und Ihre Energie binden. Übernehmen Sie die Verantwortung für Ihr Verzeihen und Versöhnen. Klären Sie Ihre Beziehungen und Ihre Kommunikation mit anderen.

„Friede sei mit dir" als versöhnende Affirmation hilft mir selbst bei Menschen, bei denen mir die Herzenshaltung schwerfällt, in eine versöhnende Haltung zu gelangen und zu bleiben. Sprechen Sie diesen Satz in Gedanken für sich selbst aus oder schreiben Sie einen unsichtbaren oder realen Brief an die Person, mit der Sie sich versöhnen und der Sie verzeihen möchten. Schicken Sie ihn in Gedanken ab oder gehen Sie zur Post. Tun Sie es, damit Sie reinen Herzens gute Beziehungen leben und genießen können. Die Lebenslust in Beziehungen ist ein wertvoller Diamant für unsere seelische Gesundheit.

Verbunden sein

Ob wir es wollen oder nicht und ob wir daran glauben oder nicht: Alles ist mit allem verbunden. Für eine nachhaltige Verbundenheit mit anderen Menschen möchte ich Ihnen eine Kommunikationsweise ans Herz legen, deren Wirkung mich nachhaltig beeindruckt hat. Die soziokratische Methode [25] kann der Entscheidungsfindung in Gemeinschaften, Gruppen und Teams dienen und die sozialen Verbindungen in Familien und Gruppen stärken. Statt in Pro und Contra zu diskutieren und dafür oder dagegen abzustimmen, wird mittels des Konsentprinzips eine gemeinsame Haltung erarbeitet. Dazu ist es notwendig, dass alle Beteiligten zur offenen Frage, zur anstehenden Entscheidung oder dem Anliegen ihre Meinung äußern. Dies tun alle Anwesenden gemeinsam; einer nach dem anderen spricht, alle anderen hören zu. Der gemeinschaftliche Austausch erfolgt in zwei Runden. Jede Meinung wird zweimal formuliert und gehört. Ausgangspunkt des Konsentprinzips ist, dass eine Entscheidung getroffen werden kann, wenn keiner der Beteiligten einen „schwerwiegenden Einwand" erhebt. Im Gegensatz zum Konsensprinzip, bei dem alle zustimmen müssen, verfolgt der Konsent das

Kein-Einwand-Prinzip. Durch diese Vorgehensweise kann das Blockierertum, wie es häufig bei Mehrheitsabstimmungen vorkommt, vermieden werden.

Probieren Sie es aus und lassen Sie sich überraschen, welche Wirkung diese Gruppenkommunikation ermöglicht. Jedenfalls hat sie mich in der Weise beeindruckt, dass ich sie sogar bei Familienunstimmigkeiten anwende. Lassen Sie es nicht zu, sich voneinander zu entfernen. Leben Sie die Verbindungen mit den Menschen, die um Sie herum sind, in größtmöglicher Liebe und voller Lebenslust. Ein gutes Leben für uns hängt von einem guten Leben für alle Menschen ab. Alles ist mit allem verbunden.

Nachwort

Eine nachhaltige Gesundheit für Körper, Geist und Seele ist nicht nur eine individuelle Sache, sondern wird von den Bedingungen des Zusammenlebens, Wirtschaftens und Arbeitens lokal, regional, national und global insgesamt beeinflusst. Lebensqualität und Wohlbefinden sind nicht allein durch gesundheitspolitische, sozialarbeiterische, psychologische und medizinische Interventionen zu erlangen. Sinnentleerter Konsum, unnötiger Ressourcenverbrauch, soziale Ungleichheit und die Zerstörung der Lebensgrundlagen weltweit machen unglücklich. Komplexe globale Zusammenhänge, die wir gefühlt nicht mehr begreifen können, deprimieren uns und vermiesen uns die Lebensfreude. Wir spüren die psychischen Grenzen zusehends. Die Verbindung zur Natur, zu unserer Familie, anderen lieben Menschen, das Leben in einer Gemeinschaft, die gestalterische Selbstbestimmung des eigenen Lebens und Arbeitens sowie die Erfahrung des Lebenssinns sind die Grundlagen für ein gesundes Arbeiten und Leben. Lebenslust für alle Fälle ist eine Haltung der Verbundenheit mit uns selbst und unserer Umwelt. Sie berücksichtigt alle Lebensaspekte und die Details unseres Daseins und unseres Handelns. In diesem Bewusstsein kann es gelingen, Lebensqualität und Wohlbefinden in den Alltag zu integrieren und mehr und mehr die lebenslustige Seite zu leben. Lebenslustige Menschen übernehmen Verantwortung für die Gesundheit von Körper, Geist und Seele. Mit Lebenslust gesund und munter bleiben kann als Motto für ein nachhaltiges Leben dienen.

Lebenslust-Übungen auf einen Blick

3-mal untertauchen .... S. 126
5-mal Psychohygiene .... S. 114
Blind malen .... S. 147
Die Gedanken waschen .... S. 80
Einen Baum umarmen .... S. 122
Erlaubnisbrief und Erlaubnismantras .... S. 149
Freihändig kochen .... S. 59
Glücksmomente .... S. 95
Checkliste: Ich-Sätze .... S. 162
Jahresrückblick und Neujahrswünsche ..... S. 155
Lebensfaden .... S. 119
Lebenslustbrief .... S. 170
Mehr als man denkt .... S. 66
Morgenritual .... S. 135
Nein sagen .... S. 71
Plus-Minus-Liste .... S. 63
Post-it-Ritual .... S. 47
Rollentausch .... S. 144
Selbstliebe .... S. 155
Selbstlob .... S. 154
Stafette .... S. 173
Was ist für Sie Lebenslust? .... S. 22
Wasserfall .... S. 127
Wohlfühlort .... S. 41
Worauf stehe ich? .... S. 78

Danke

Ich bedanke mich bei meiner Familie, Helmut, Martina und Susanne sowie Wuschel und Marcus, für ihre Liebe, ihren Humor und ihre Unterstützung in allen Lebenslagen. Vielen lieben Dank an Frau Imke Rötger für die Begleitung, die wertvollen Inspirationen und die vertrauensvolle Zusammenarbeit.

Veranstaltungen

Die Autorin vermittelt die Lebenslusthaltung, Tipps und Strategien sowie die Übungen und Methoden in Vorträgen, Workshops und Seminaren.

Die aktuellen Termine finden Sie auf
www.lebenslustagentur.de.

Veranstaltungsanfragen richten Sie bitte an:

Andrea Länger
Lebenslustagentur
Georg-Brach-Str. 3, 86152 Augsburg
Telefon 0821 567 04 30
E-Mail: al@lebenslustagentur.de
www.lebenslustfuerallefaelle.de
www.lebenslustagentur.de
www.lebenslustprinzip.de

Anmerkungen

1. Vgl. Völlinger, Veronika
2. Vgl. Meyer, Rüdiger
3. Vgl. Michel, Yvonne Anne
4. Vgl. Bundespsychotherapeutenkammer
5. Vgl. Bundesamt für Gesundheit
6. Vgl. Bundesministerium für Gesundheit und Frauen
7. Vgl. Richter, Dirk, u. a.
8. Vgl. Institut für Glücksforschung
9. Vgl. Paech, Niko
10. Vgl. Hüther, Gerald
11. Vgl. www.phytobalance.de
12. Vgl. Landesstelle der Katholischen Landjugend
13. Vgl. Länger, Andrea
14. Vgl. Paech, Niko
15. Vgl. Lutz, Horst
16. Vgl. Reichwein, Verena
17. Vgl. Global Footprint Network
18. Vgl. Ott, Ulrich
19. Vgl. Bader, Silke
20. Vgl. Bader, Silke
21. Vgl. Prior, Manfred
22. Vgl. Bühler, Jasmin
23. Vgl. Bühler, Jasmin
24. Vgl. Mutz, Gerd, u. a.
25. Vgl. Handler, Martina

Literatur

Bader, Silke (2011): Schutzengel Impulse – Jeden Tag spielend lebendig sein. Windpferd Verlag. 3. Auflage. Oberstdorf.

Bühler, Jasmin (2016): Soziale Beziehungen sind der größte Glücksfaktor. Experten sprechen darüber, wie sich Zufriedenheit auch in dunklen Phasen einstellt – SZ Ravensburg sucht Hoffnungsgeschichten. Schwäbische Zeitung vom 18.08.2016. Ravensburg. Verfügbar unter http://www.schwaebische.de/region_artikel,-Soziale-Beziehungen-sind-der-groesste-Gluecksfaktor-_arid,10511652_toid,535.html (Zugriff 04.09.2016).

Bundesamt für Gesundheit (BAG) (2015): Psychische Gesundheit in der Schweiz. www.gesundheitsfoerderung.ch. Bern. Verfügbar unter https://gesundheitsfoerderung.ch/assets/public/documents/1_de/a-public-health/3-psychische-gesundheit/6-downloads/Bericht_Psychische_Gesundheit_in_der_Schweiz_-_Bestandsaufnahme_und_Handlungsfelder.pdf (Zugriff 12.08.2016).

Bundesministerium für Gesundheit und Frauen (BMG) (2013): Nationale Strategie für psychische Gesundheit. www.bmgf.gv.at. Wien. Verfügbar unter http://www.bmgf.gv.at/cms/home/attachments/4/6/6/CH1452/CMS1384788188872/nationale_strategie_f_psyges.pdf (Zugriff 12.08.2016).

Bundespsychotherapeutenkammer (BPtK) (2015): BPtK-Studie zur Arbeitsunfähigkeit. Psychische Erkrankungen und Krankengeldmanagement. www.bptk.de. Berlin. Verfügbar unter http://www.bptk.de/fileadmin/user_upload/Publikationen/BPtK-Studien/psychische_Erkrankungen_Krankengeldmanagement/20150305_bptk_au-studie_psychische-erkrankungen_und_krankengeldmanagement.pdf (Zugriff 12.08.2016).

Global Footprint Network (2016): Advancing the science of sustainability. Unsere Arbeit. Footprint der Welt. Earth Overshoot Day. www.footprintnetwork.org/de. 312 Clay Street, Suite 300, Oakland, CA 94607-3510 USA. Verfügbar unter http://www.footprintnetwork.org/de/index.php/GFN/page/earth_overshoot_day/ (Zugriff 25.08.2016).

Handler, Martina (2001): Partizipation und nachhaltige Entwicklung in Europa. Soziokratie. Ablauf. Verfügbar unter http://www.partizipation.at/soziokratie.html (Zugriff 04.09.2016).

Hüther, Gerald (2011): Seelische Gesundheit. Stärkung von Selbstheilung. Vortrag vom 11.01.2011 auf DVD erhältlich über auditorium-netzwerk.de. Auditorium Netzwerk, Hebelstraße 47, 79379 Müllheim.

Institut für Glücksforschung (IFG) (2016): So glücklich sind die Deutschen. www.gluecksforschung.de. München. Verfügbar unter http://www.gluecksforschung.de/So_gluecklich_sind_die_Deutschen.html (Zugriff 12.08.2016).

Länger, Andrea (2016): Das Lebenslust-Prinzip. Praktische Strategien für Frauen mit Krebs. Verlag epubli. Berlin.

Landesstelle der Katholischen Landjugend Bayerns e. V. (2010): Aus dem Ärmel geschüttelt I. Methoden für die Gruppenarbeit. Kriemhildenstr. 14, 80639 München. www.kljb-bayern.de

Lutz, Horst (2007): www.lifekinetik.de. Wolfratshauser Straße 50-52, 82067 Ebenhausen.

Meyer, Rüdiger (2006): Psychische Erkrankungen in Europa: Lebenszeitrisiko mehr als 50 Prozent. Ausgabe Januar 2006,

Seite 25. Deutsches Ärzteblatt. Verfügbar über http://www.aerzteblatt.de/archiv/49833/Psychische-Erkrankungen-in-Europa-Lebenszeitrisiko-mehr-als-50-Prozent (Zugriff 28.12.2016).

Michel, Yvonne Anne (2014): Wie viele psychisch erkrankte Menschen gibt es in Deutschland? Gesundheitsportal der Hauptstadt. 18.02.2014. Berlin. Verfügbar unter http://www.gesundheitsstadt-berlin.de/wie-viele-psychisch-erkrankte-menschen-gibt-es-in-deutschland-3228/ (Zugriff 24.10.2015).

Mutz, Gerd; Costa-Schott, Rosariò; Hammer, Ines u.a. (2015): Engagement für Flüchtlinge in München. Ergebnisse eines Forschungsprojekts an der Hochschule München in Kooperation mit dem Münchner Forschungsinstitut miss. Verfügbar unter https://w3-mediapool.hm.edu/mediapool/media/dachmarke/dm_lokal/presse/pm/2015_4/Abschlussbericht_final_30092015.pdf (Zugriff 04.09.2016).

Ott, Ulrich (2014): Meditation. Warum Meditation? Neurowissenschaftliche Gesellschaft e.V. Beitrag vom 01.05.2014. Berlin. Verfügbar unter https://www.dasgehirn.info/handeln/meditation/warum-meditation-5961 (Zugriff 31.08.2016).

Paech, Niko (2015): Postwachstumsökonomie in 20 Minuten. Werkstatt Zukunft. Oldenburgisches Staatstheater. Veröffentlicht am 04.02.2015. Verfügbar unter https://www.youtube.com/watch?v=jv7EgsjT3f0 (Zugriff 26.06.2016).

Prior, Manfred (2009): MiniMax-Interventionen. 15 minimale Interventionen mit maximaler Wirkung. Carl-Auer Verlag. 8. Auflage. Heidelberg.

Reichwein, Verena (2012): Embodiment. Wie der Körper auf die Seele wirkt. Georg Thieme Verlag Stuttgart - New York.

Richter, Dirk; Berger, Klaus; Reker, Thomas (2008): Nehmen psychische Störungen zu? Eine systematische Literaturübersicht. Georg Thieme Verlag KG. Stuttgart. Verfügbar unter https://www.thieme-connect.com/products/ejournals/html/10.1055/s-2008-1067570 (Zugriff 26.12.2016).

Völlinger, Veronika (2016): WHO-Bericht. Depressionen kosten jährlich eine Billion Dollar. Zeitonline. 13.04.2016. Verfügbar unter http://www.zeit.de/wissen/gesundheit/2016-04/who-weltbank-weltwirtschaft-depression-angst-kosten (Zugriff 12.08.2016).

189

Literatur